DYN AR DÂN
MARTIN HUWS

DYN AR DÂN

MARTIN HUWS

Dyn ar Dân
Martin Huws

© Martin Huws
© Gwasg y Bwthyn, 2024

ISBN : 978-1-913996-99-4

Mae Martin Huws wedi datgan ei hawl dan Ddeddf Hawlfreintiau, Dyluniadau a Phatentau 1988 i gael ei gydnabod yn awdur y llyfr hwn.

Cyhoeddwyd gyda chymorth ariannol Cyngor Llyfrau Cymru.

Cedwir pob hawl. Ni chaniateir atgynhyrchu unrhyw ran o'r cyhoeddiad hwn na'i gadw mewn system adferadwy, na'i drosglwyddo mewn unrhyw ddull, na thrwy unrhyw gyfrwng, electronig, electrostatig, tâp magnetig, mecanyddol, ffotogopïo, recordio, nac fel arall, hen ganiatâd ymlaen llaw gan y cyhoeddwyr.

Delwedd y clawr a'r ffotograffau: Carys Huws
Dylunio mewnol a'r clawr: Siôn Ilar

Cyhoeddwyd gan:
Gwasg y Bwthyn,
36, Y Maes, Caernarfon,
Gwynedd LL55 2NN
post@gwasgybwthyn.co.uk
www.gwasgybwthyn.cymru

Cyflwynedig

i

Nest a Carys

'Os taw tŷ yw rhyddiaith,
dyn ar dân yn rhedeg
trwyddo'n gyflym
yw barddoniaeth'

Anne Carson

Cydnabyddiaethau a diolchiadau

Yn gyntaf, diolch i fy merch, Carys, am dynnu llun y clawr a'r lluniau du a gwyn yn y gyfrol.

Enillodd sawl dilyniant gadair neu goron mewn eisteddfodau taleithiol a chadeiriol a chyrhaeddodd ambell un y dosbarth cyntaf yng nghystadleuaeth y Goron yn yr Eisteddfod Genedlaethol. Trwy lwc, enillodd un gerdd gystadleuaeth yn Eisteddfod y Cymoedd, ac un arall gystadleuaeth cerdd rydd *Barddas* 2018. Enillodd cywydd gennyf gadair Eisteddfod Ysgol Farddol Menter Caerdydd, a bu dwy soned yn fuddugol yn Eisteddfod Talaith a Chadair Powys a Gŵyl Fawr Aberteifi. Diolch i'r beirniaid am eu sylwadau caredig a llym.

Ymddangosodd rhai cerddi yn *Barddas, Barddas Bach, Golwg, Tafod Elái, Y Dinesydd, Gair Bach Bethlehem* ac ar Facebook.

Diolch i'r Prifardd Cyril Jones am ei ysbrydoliaeth a'i gwmni wrth seiadu, ac am amynedd Job a dyfalbarhad Emyr Davies a'r Prifeirdd Gruffudd Owen, Rhys Iorwerth, Osian Rhys Jones a Llŷr Gwyn Lewis yng ngwersi cynganeddu Menter Caerdydd.

Alla i ddim beio neb arall am y camgymeriadau – fel 'na mae.

Diolch i Gerwyn a Gwasg y Bwthyn am eu gwaith graenus; i Siôn Ilar am y gwaith dylunio; i Catrin Dafydd am ei geiriau hael; a hefyd i'r Cyngor Llyfrau.

Cyflwyniad

Barddoni fu'r sbardun a ysgogodd fy nghyfeillgarwch â Martin. Dyfarnais gadair Gŵyl Fawr Aberteifi iddo yn 2016, ac ers hynny buom yn seiadu'n gyson yn y Bunch of Grapes yng Nglyn-taf ac yn y Taff yn Ffynnon Taf ar ôl cyfnod y pla.

Yn ystod y seiadau hynny des i ddeall yn fuan ei fod o ddifrif ynghylch ei grefft fel bardd, llenor a dramodydd ac yn ymarfer y grefft honno'n gyson. Bu'n gystadleuydd brwd hefyd mewn eisteddfodau taleithiol ac yn y Brifwyl. Edmygaf ef am gwestiynu barn beirniaid y cystadlaethau hynny weithiau, a bod yn ddigon diwyro i beidio â gadael iddynt ei ddiffinio fel sgrifennwr. Dyma waddol ei gefndir, mae'n debyg, fel newyddiadurwr ac undebwr.

Cafodd ei gyfrol o straeon meicro, *Yr Awyr yn Troi'n Inc*, glod uchel gan feirniaid y Fedal Ryddiaith ym Mhrifwyl Ynys Môn a chafodd glod a gwobr yng nghystadleuaeth cyfansoddi dwy fonolog wrthgyferbyniol ym Mhrifwyl Boduan.

Mae pledio achos y gorthrymedig yn thema gyson yn ei weithiau. Dywedodd wrthyf yn ystod un o'n sgyrsiau: 'Mae'n bosib yn aml ddod yn nes at y gwirionedd trwy wisgo masg rhywun arall.'

Fel bardd a llenor sy'n defnyddio sawl cyfrwng i fynegi ei weledigaeth, dyw hi ddim yn syndod gweld nifer o fesurau barddol caeth a rhydd ar waith yn y gyfrol hon. Mae Martin yn meddu ar lais gwahanol; darllenwch ei gerddi ac rwy'n siŵr y cewch chi flas ar y gwrando.

Cyril Jones

CYNNWYS

Olwyn	13
Yfory	15
Haf hirfelyn tesog	16
Gwead	17
Rhofio	19
Trwy gil y drws	21
Cnwd	23
Protest	24
Hafau hir	25
Ar y cei	27
Blowsys	29
Ffarwél i'r arwr tawel	31
Y fflat ucha	32
Ar lan y môr	33
Y sgip	34
Jeriwsalem Newydd	35
Rhyddid	36
Y genedl ifanc	41
Closio	43
Gobaith	48
Clymau	50
Ceffylau am hanner nos	54
Gwres	55

CYNNWYS

Mynd am dro, 1942	64
Ffenestri	65
Graffiti ym Merlin	69
Rhengo'dd	71
Ar y clwt	77
Dadleth	78
Dim masg, dim mynediad	79
Yr eos	83
Llanw'n troi	84
Mor syth â saeth	95
Lleisiau	96
Breuddwyd	101
Gwydyr gwag	102
Bydd yn ddiddan	103
Syllu	104
Bro	106
Gwe	107
Cadair wag	108
Dihangfa	109
Llun y Pasg	121
Ffenest	122
Ddim yn ddiwedd y byd	125
Byd bach	127

Olwyn

Y Rhondda, 1990

Gyda thoriad y wawr
rhwta ei lygad wrth adel.
Rhytha ymhen tipyn yn hiraethus
ond delwi ma'r olwyn
yn ffrâm fferru amgueddfa.

Wrth groesi'r bont grog,
ril archif sy'n rowlio yn ei ben
fel troellen pen pwll
yn crensian.

Bob wthnos yn bybyr
gyrra lanciau awchus a bregus i Wlad yr Haf
o ble heidiai milo'dd, gan gynnwys ei hen hen dad-cu,
i wlad hud a golud.

Ond ar stryd gul y cwm
breuder a brad oer
sy'n rhewi llanc hyd at fêr ei esgyrn.

Gobeth caneri sy yn y lle dôl
wrth i'w ddicter grynhoi fel nwy dan ddaear:
'Gwarchod chwarel. Swyddog diogelwch.
Wyth deg punt yr wythnos.
Un amod, angen ci eich hunan.'

Bob wthnos yn bybyr,
ffyddiog y mae na ddiffodda,
y syrffia ar don rhyw freuddwyd
'rôl syrffed lledu tar ar strydoedd llydan.

Ond ar y ffordd 'nôl,
ar drai yn araf mae'r afon
a dig yw'r gwynt sy'n siglo ei degan
o fan.

Am weddill yr wthnos
fe gica'i sodle, pob tasg ar ei hanner.

Heb yn wybod iddo,
wrth deithio'r ochor draw,
dant yw yn nhreigl amser
wrth i olwyn hanes wneud tro crwn.

Yfory

Poperinghee, Gwlad Belg, 1917

Y wal, hi a welaf,
nhw fydd yn gwylio targed â llyged llaith.

Ddim yn angof 'yn atgofion:
dyddie diniwed, sialc yn wiced ar wal.
Yn ben ar deyrnas y bêl,
ei gyrru'n glatsh at y gorwel,
yn union fel ergydion y gad.
Crwt anghyflawn, 'y myd yn llawn, yn llon.

Wy'n aros iddi nosi.

Diléit y cadfridog yw dileu,
cilwenu cyn malu gobeithion milwr
fel damshil ar whilen.
Ei lofnod heb wewyr yn fyr:
saethu'n farw.

Sŵn pêl fel angerdd sy'n pylu.

Dros y Sianel y des i faeddu'r gelyn.
Bydd gwawr ar led cyn ergydion bwledi
ac ataf fi anela, tania 'y mhlatŵn.

Loetran ma' cysgodion amdanaf,
y nos yn cripad yn iasol.

Y wal, hi a welaf:
wal ddi-liw 'y niwedd.
Yn anochel, nychaf.

Haf hirfelyn tesog

2018

Yn llygad yr haul
fe freuddwydia'r dydd
wrth estyn ei chorff eboni wedi ei gaboli.

Yn ei hymyl, gorwedd ei thad â'i fresys a'i fochau llipa
ac eistedd ei chrwt bach, ei wyneb
yn deisen â gormod o eisin.

Gwena'r fam ar rai ag ymbrelo haul ffroenuchel,
y ddau sy'n traflyncu pob gair o nofelau arobryn
nes bod tro yng nghwt stori'r dydd,
y llanw'n dial
ar eu tywelion brodiog, porffor.

Yn y pen draw,
fe fydd y môr yn brathu'r arfordir bras,
yn gwledda heb gael ei wala
cyn i'r graig droi'n groen ac asgwrn,
cyn i'r hanner cylch euraidd
droi'n llinyn fel rhaff.

Fe faglwn ar lwybr y rhuthr am aur.
Fe godwyd ein tai ar dywod.

Gwead

Beth yw Cymreictod?

Nage breuddwyd ar ffo yn niwlo'dd amser
ond cyfres o gyfenwau ar gofrestr Dosbarth 2
yn haf 1963.
Fe glywaf lais yr athro
fel 'se fe'n coffáu'r ymadawedig:

Ackland, Ali, Evans … Hussein, Jenkins, Jugessur,
McDermott … Rashid, Robinson …

Ni oedd y Cenhedloedd Unedig,
ein dryswch yn frawdol mewn gwers fathemateg.

Gwead oedd ein byd,
paentiad wedi ei nyddu ynghyd
cyn i ni gwrdd â bywyd.

Rhofio

*Ar ôl darllen pennill Harri Webb yn
hunangofiant Meic Stephens:*

*Hooray for the festive season,
Peace and goodwill to man,
And a Merry Christmas, Lord Robens,
From the kids of Aberfan.*

Ni ddaw hi'n ôl i'r tŷ, Bodlondeb.
Lo's mam yn drwm, yr arch yn ysgawn.
Fel dwylo'n rhofio chwilia ateb.

Y bwrdd yn wfftio cyfrifoldeb,
y bwlch yn sgrech, jig-so anghyflawn.
Ni ddaw hi'n ôl i'r tŷ, Bodlondeb.

Y byd yn frou ar ôl trychineb
a neb ar fai, yn ôl y cyfiawn.
Fel dwylo'n rhofio chwilia ateb.

Y llacs oedd eitha eu ffolineb.
Diffodda cwmwl haul prynhawn,
ni ddaw hi'n ôl i'r tŷ, Bodlondeb.

Yng nghanol nos fe wêl ei hwyneb.
Yng nghanol gwers fe rewyd dawn.
Fel dwylo'n rhofio chwilia ateb.

Ac mewn ymchwiliad roedd ymateb:
doedd neb yn rhoi esboniad llawn.
Ni ddaw hi'n ôl i'r tŷ, Bodlondeb.
Fel dwylo'n rhofio chwiliwn ateb.

Trwy gil y drws

Mehefin

Yng ngwâl y seler
y bygythiai'r Bwci Bo.
Pryd o dafod Mam.

Gorffennaf

'Bola tost,' medd hi.
Estyn am dabled arlleg,
moddion at bob clwyf.

Awst

Meddwa ar heulwen
ond heddi fe gilia hi
i noddfa cysgod.

Medi

Y dyddie'n byrhau.
Daw dihiryn y gaea
i gipio gwystlon.

Hydref

Troi a throi a throi
wrth whilo am le parco.
'Jiw, ma' ishe gras.'

Tachwedd

'Wyt ti'n gwella, Mam?'
Ei gwên yn sownd mewn albwm.
Ma' hi yn gwbod.

Rhagfyr

Daw hon mewn cot wen
i gytsho'n dynn yn llaw Mam.
Ddylen i fentro?

Ionawr

Y pwyse'n sigo.
Llun ar wal ward: pelydre'n
treiddio cymyle.

Chwefror

Diheintydd ar drai:
rhywun yn dod, yr heliwr
yn nes at ei brae.

Mawrth

Taith hir 'nôl i'r tŷ,
i'r angor ymhob storom.
Llonydd yn rhythu.

Ebrill

Pipo, yn ddi-baid
gweai gardigan babi.
Bywyd yn raflo.

Cnwd

Palesteina, 2015

Yn y bore bach
pan rwtai'r plant eu llyged
fe dda'th fel rheg mewn synagog:
teirw dur yn troi'r tir
yn groth ddiffrwyth,
gweryru peirianne'n wylofain mame.
Gwasgu'r gwinwydd gosgeiddig,
sgradach y tanne cain
yn fflwcs
fel rhwygo llawysgrif yn rhacs.

Flwyddyn wedyn
ma'r dwylo, oedd yn segur mor hir,
yn plastro'r paent ar wal neuadd
fel llyfnhau rhyche hen fenyw,
a'u llyged yn pefrio
fel grawnwin yn yr haul.

Trawiade'r brwsh yn troi'n ddireidi,
yn ddadeni,
wrth i'r dolur hir ddadleth
yn sŵn wherthin prin plant.

Troi'r tir diffaith
yn gnwd afieithus,
llenwi canfas gwag anobaith
am fod brwsh eu dychymyg
yn drech na gwifren bigog.

Protest

Mai 1968

Yn ein siacedi Wrangler trwsiadus
sychedwn am bob diferyn o'r stori
wrth lynu at sgrin.

Dwyfol yw'r Sarsaparilla ar dafod.
Sïa'r ddiod
fel nwy dagrau ar y Boulevard Saint-Michel.

Lapia menyw ifanc ei chariad
yn amdo hen got law fochedd.
Ar ben mae ei byd. Cafodd ei fwrw'n bedwar.

Ai dig'wilydd yw de Gaulle?
Ddaw i ben ei fytholeg wrth i'w deyrnas wegian?

Uwchben Paris
llwythog yw'r nen wa'th wylo seiren syn.
Cyn gorffwys heria'r myfyrwyr y cŵn gorffwyll
a haid ddihidio
sy'n brysur fel tŷ'n ferw o bryfed.

Weithiau daw taranfollt,
penglogau'n gnau'n hollti.

Ninnau'n gwylio swigod ein delfrydiaeth
yn pefrio
yn ein gwydrau gloyw.

Ond bydd y tân yn is
pan fydd slaplau sinistr arholiadau'n nesáu.

Hafau hir

Glaswellt newydd ei dorri
yn gwynto fel sinamon yn yr hafau hir,
brodwaith tymhorau heb ei rwygo.

Ninnau, laslanciau'r Rhath,
yn adwar ein harwyr, Dougan, Lorimer, Best,
yn treiddio rhengoedd y gelyn yn y gwres euraidd.

Eu blaenwr creithiog yn ergydio
ond Roberto Dimaggio
rhwng siwmperi pyst ein gôl
yn sboncio fel samwn.

Ein gobaith, na chlywn ni'r tirmon yn diwn gron,
fod y gêm yn ddiderfyn
heb gysgod yn stelcian ar ystlys.

Ar y cei

Cofeb Capten Scott, Bae Caerdydd

Ganrif yn ôl
fe gawsant eu gwala mewn gwledd gychwyn
cyn rhuai'r dorf yn ymchwydd
wrth i'r bad ollwng cadwyni
a mentro i fyd arall dan bwysau can tunnell o lo
a disgwyliadau brenin.

Ar y gofeb llecha bylchau gwyn
rhwng wynebau'r fforwyr,
hafnau eu hofnau.

Dawns ryfel storom eira
amgylchynai eu pabell,
eu ffosiliau wedi eu lapio mewn cornel
tra chwyrlïai geiriau yn eu pennau
wrth iddyn nhw grafu ar dudalennau prin.

Ar y cei sgriala llanciau heibio ar sgwteri,
chwerthin pob un mor oer â hufen iâ.

Rhew oedd amdo pob fforiwr.

O flaen y gofeb
piga gwylan fag plastig
sy'n gollwng gweddillion gwledd.

Blowsys

Wthnose'n llusgo cered,
y byd o 'mla'n i, medd Mam, yn grwn.

A'th Anti Glad i fyd arall, i Gwm Cynon.
Ar fore o haf hi o'dd y gynta
i hongian dillad ar y lein.
O rywle da'th awel. Gwenodd.

'Rôl hanner awr pipodd yn llawn edmygedd
drw ffenest y gegin cyn sobri.

Neb wedi ei rhybuddio.
Ei blowsys gwyn gwyryfol
fel 'sen nhw'n ddillad galar.

Ffarwél i'r arwr tawel

*Er cof am John Griffiths, brawd-yng-nghyfraith,
y darllenwyd y gerdd hon yn ei angladd*

Y mae'r gitâr yn wylo,
y tanne wedi rhwygo
a ni'n gorfod byw hebddo.

Yr ergyd dda'th yn syfrdan
'rôl dathlu gêm yr Alban.
Efe o'dd angor pob cân.

Ei wên fel darn o heulwen
a whalai unrhyw gynnen.
Rhy gynnar y cwymp y llen.

Ro'dd rhai yn gorfod mudo
ond hwn safodd yn ei fro,
y fro yn angor iddo.

O hyd atgofion llawen
fel ias Pafiliwn Corwen,
codi'r to, grym ei awen.

Nwyd i bawb oedd node bas
ddistawodd feirniaid diflas,
ei angerdd oedd yn eirias.

Gweiddi am glywed rhagor
nes bod cynulleidfa'n gôr
ond i ni ni ddaw *encore*

ond plycio deche bysedd
yn creu ei hen gyfaredd
a fydd y tu hwnt i'r bedd.

Y fflat ucha

Yng nghornel caffi Place Clemenceau,
ble roedd hyder myfyrwyr Paris fel nant arw,
roedd ei gwên hi
yn groeso calon.

Yn ei ddala'n ôl
roedd amheuon, y byddai fel archaeolegydd,
ei ddwylo'n llawn pridd.

Dringodd risiau troellog i'r fflat ucha
ble roedd ei dafod yn olau chwilio,
yn blasu'r nectarîn llawn sudd,
ei halen hi fel menyn Llydaw.

Ar y promenâd ym Mhenarth,
wrth i law boeri ar lun dyfrlliw
o arian byw o fenyw,
saif o flaen clwyd gloëdig,
yn cofio'r munudau
pan sgubodd ton glymau'r gwymon.

Ar lan y môr

Fan hyn, medd ei fam wrth ei hunan,
ro'dd aelode ffyddlon
yn dod yn yr haf
a'r rhai â modd yn pyrnu atalfeydd gwynt
tra o'dd y lleill
yn dodi eu cadeirie'n gylch
fel wageni ffilm gowbois.

Ma' hi, wrth anadlu'r heli,
yn dyfalu
beth yw rhif y tywod mân.

Heno ma' defod newydd ar lan y môr:
pererindod y mab a'i griw
o dafarn i dafarn.

Wrth wynto'r amonia,
ma' fe'n dyfalu sawl wisgi a lemonêd
y gall eu llyncu cyn hanner nos
a bydd ei sgrech
yng nghlust hen fenyw, sy'n hamddena ar y prom,
yn uwch na gwylanod Dinbych-y-pysgod,
yn uwch nag Indiad Coch yn groch
cyn cyrch
ar gylch wageni.

Y sgip

*Doedd dim sôn am Lywelyn Bren, y gwrthryfelwr
yn erbyn y Normaniaid, yn yr ysgol fawr*

Y Brodyr Llwyd gynigiodd gladdu
corff yr arglwydd wedi ei hollti.

Ganrifoedd wedyn canwyd clodydd,
gosod seiliau nendwr newydd

ond y labrwyr brwd fawr callach.
Taflwyd torso ar ben sothach.

Gwm cnoi yn sownd wrth waelod 'y nesg,
athro o Essex, gwersi llesg.

Terfysg Beca sy mewn cromfache,
cyrch gwerin yn droednodiade.

Llwch yn codi o sgip ein gormes,
olion sialc ar lawes dyn hanes.

Jeriwsalem Newydd

Tre-biwt, 1995

Siapa dy stwmps, Mohammed,
neu fyddi di'n colli dy ffordd.
Gwichia'r stâr yn Stryd Pomeroy
fel cynnig arall am jobyn.

Ar iard Ysgol Mount Stuart
ffrwydra chwerthin y plant.
'Rôl gadel ysgol
ai rhwdu wnaiff eu direidi?

Mynd am dro i Windsor Esplanade
lle mae'r olygfa'n ddolur i'r llyged:
traethell leidiog
fel ysgyfaint smociwr.

Ond beth yw hon ar waelod Stryd Biwt,
yn gwenu fel imam wrth fynedfa mosg?

Argraff artist
o'r Jeriwsalem Newydd,
strydoedd glân cymesur, siopau, gwestai,
yn fframio ein gobeithion.

Yn barod, cornel ucha'r llun llachar
sy'n pilo fel papur wal.
Y llun yn llawn o bobol,
pawb yn wyn.

RHYDDID

I
Hi

Ti fel angel pan yw cwsg
yn dy lapio'n dynn.
Ti'n cofio'r gyngerdd yn Neuadd y Cory?
Closio'r noson 'ny
fel bys a bawd ar yr un llaw.

Heno yn y Konzerthaus ym Merlin
bydd seinie côr y bobol ifanc
yn golchi dros ein cyrff
fel ton ar dra'th Maiorca.

Heno bydd sglein hud a lledrith
fel tinsel ar hen gloc ein priodas.
Gobitho y bydd dy galon yn datgloi.

Cysga'n dawel ymhell o'r tyrfedd
sy'n siglo'r awyren fel cwpwl yn cecran.

Fe

Dere â dy law os yw hi'n iawn 'da ti.

Gadawn y cyntedd, disgyn o'r goleuni
lawr grisie o lechi llwyd
ar hyd coridor serth, pob ymyl yn finiog.

Ymhen deg munud
whilwn am gilfan i ga'l anal
rhag realiti sy fel dwrn gwarchodwr.

Troi cornel, dala'n hanal:
milo'dd ar filo'dd o ddarne harn crwn
ar wasgar ar lawr, pob un â wyneb cegrwth.
Clywaf eu sgrechfeydd mud.

Troedia tri llanc â wynebe diniwed
dros y darne harn,
y sŵn fel trên yn agosáu at Auschwitz,
cerbyde llawn yn cyrredd cilffordd.

II
Hi

Gad dy ddwli,
paid wherthin dan dy ddannedd.

Pam ddest ti ddim draw i Reolfa Charlie
yn lle sefyll o'r neilltu fel sbïwr y Stasi?

Y ddou yn eu hesgus o ffurfwisg
yn denu twristied fel clêr,
un yn edrych arna i fel llo,
cusan o heulwen mewn diwrnod llwyd hir.

Weli di'r llun,
fi'n gwisgo cap milwr, yn saliwto rhwng y ddou
o fla'n tarian y faner serennog?

Gad i fi byrnu persawr newydd
gan fod gwynt hanes brith
yn glynu wrth 'y nillad.

Fe

Edrych ar y llun yn yr amgueddfa:
rhein yw'r gwir filwyr

yn gwarchod ffin eu cydwybod yn Rheolfa Charlie.

Eu hwynebe'n benddelwe wedi eu brasnaddu,
eu llyged yn beli traul.
O dan eu helmede cadarn
tosturian nhw wrth y dyn, Peter Richter,
ddringai'r wal i gyrredd gorwel ei freuddwyd.

Y tri o fla'n tarian y faner serennog
yn stiff fel pren
wrth wylio ei gorff ar lain marwoleth,
wrth i ange grafangu, ei gorff yn gwingo.

Gad dy gonan.
Shwd alla i ymdrybaeddu
ym maw a llacs y gorffennol?

Hi

Ymuna â ni,
gad dy fyfyrio dwys sy'n dy grymu di
cyn dy fod yn hen ddyn.

O'n bla'n ni yn y Jüdisches Museum
sguba canghenne'r golfen bomgranade
fel dawnswraig fflamenco.

Hi yw'r dyfodol:
croten â gwallt cyrliog cringoch
yn sgrifennu ar gylch o bapur coch
cyn ei hongian yn fregus ar gangen.

Gofynnaf beth yw ei gweddi:
hwn yw'n dymuniad ni i gyd,
y gallwn gracio cragen galed ein byd

a dod o hyd
i'r hade blasus, y geme cuddiedig.

Fe

Ar y ffordd gwynta'r sedde lleder sy'n goeth
yn nhacsi'r BMW nes i ni weld siâp yr adeilad,
aflunio Seren Dafydd.

Ry'n ni'n rhydd i grwydro ble bynnag ni'n moyn,
medd y tywysydd,
hibo gwarchodwyr o walydd ar hyd coridor ar oleddf
i ben y daith.

Arwain drws trwm at adran arall.
Dim ond angylion fydde'n dianc o'r fan hon:
cell uchel, y to fel nos dragwyddol,
walydd dur o glai'n
diffodd mwstwr ceir a bysus.

Llond dwrn i mewn bob tro,
canno'dd mewn awr.

III
Hi

Ni'n lwcus i archebu bord
yn y caffi clyd ger stesion Rosa-Luxemburg
er bod y gwynt yn gafel
pan yw rhywun yn agor y drws.

Ti'n gryndo neu ar goll
yn hewl hosan dy ymson?

Gyda'r bwriade gore

fe fentres i'n ddwy ar hugen o'd,
gan obitho y byddet ti'n gwmpawd
rhag llwybyr llithrig partïon gwyllt.

Estyn dy law
gan 'mod i'n baglu ar draws tirwedd
heb gyrredd tanllwyth o dân.

Estyn dy law:
os bydd yr eira'n dadleth,
daw i'r amlwg fwnshyn o rosys marw.

Fe

Dere'n nes.

Er bod ange'n gleddyf Damocles
uwchben Wolf Zelmanowicz,
fe guddiai hoelen yn ei boced gefen
cyn cofnodi ei fodoleth, arysgrif ar fricsen
yng nghefen y gwersyll tu hwnt i olwg twristied
sy'n whilo am esboniad.

Am fod Mynyddo'dd Beskid
yn ymagor ar y gorwel fel breichie ar led
fe fentrodd tu hwnt i ffens ei ddychryn.

Mentro er bod afon Wisla'n ymchwydd o eira'n toddi,
er bod ei llif yn geffyl llamsachus,
er bod cŵn yn cwrso, yn glafoerio.

Mentro nes i danllwyth o dân ei dwymo.

Y genedl ifanc

Yn seiliedig ar gerdd Antonio Machado

Roedd yn gyfnod c'wilydd a chelwydde,
y genedl ei hun
wedi ei gwisgo fel clown ffiedd
er mwyn tynnu sylw oddi wrth ein clwyf.

Roedd hyn bryd hynny. Roedden ni'n ifanc,
y tywydd yn wael, yr argoelion yn wa'th,
hunllefe'n corddi
wrth i longddrylliad whyddo'r môr.

Fe dyngon ni y bydden ni'n rhoi'r gore iddi,
hwylio bant
ar long arian, gan wfftio'r lan,
ei llyw a'i hwylie ar hast at y môr.

Hyd yn o'd pan gollon ni'r freuddwyd,
dyled canrif o fethiant,
fe chwilien ni am y gole
wrth i ddryswch foddi ein delfryde sanctedd.

Yn sgil credöe poenus,
fe blygen ni a diosg arfwisg
oedd mor lân â drych a gweud:
'Ma'n wael ond ni bie fory.'

Heddi yw'r fory hwnnw. Danso
ma'r genedl mewn aur ffug, esgus o ffwr,
yn gam fel derwen,
wedi meddwi ar win, gwa'd briw.

Gwrandewch, os daw'r ewyllys i newid,
dilynwch hi. Pan ddaw'r tân,
dihunwch a gadewch iddo fe eich llenwi
fel gole'n llosgi mewn diemwnt.

CLOSIO

1917

Y milwr

Cyfarchion o Ffrainc, f'anwylyd,
hon yn wahanol i Gymru,
rhesi o goed helyg
fel milwyr yn gwarchod y ffordd fawr.

Yn wledd i'r llygaid:
gwefusau rhosynnau'n wridog,
yn wên i gyd.

Ond weithiau cryna dail y coed
dan effaith twymyn rhyfel
ac ar derfyn dydd,
pan geisiaf fynd i gysgu,
taena llen denau
o liw gwaed ar draws y gorwel.

Ei gariad

Bob nos cyn mynd i gysgu
mi welaf di yn y bore bach
yn cerdded i mewn i hyrddwynt yr hydref
i gyfeiriad y gorwel.

Bob hyn a hyn yn y pentref
cwyd fy nghalon
fel colomen o'r ddaear:
cipolwg ar gysgod, pen yn troi,
llais fel hen win.

Hon yn gêm greulon.

Bob nos fe welaf di, y breuddwydiwr,
yn cerdded yn dalog heibio'r perthi
i derfynau'r plwyf.

Y milwr

Yn y nos esgynnant a disgyn
fel saethau Brwydr Crécy
i darfu ar fagddu tir neb.

Wrth i fwâu y goleuadau ddiffodd,
trwch o dywyllwch sy'n ein dallu.

Y saethau'n iasoer yn bwrw golau
ar siapiau erchyll ein tirlun,
bonion coed llosgedig,
fel nad wyf mwyach yn y byd hwn.

Yn gefnlen i'r cyfan,
fflamau pentrefi ar dân,
Goleuni'r Gogledd ar gam.

Ei gariad

Fy milwr di-lun, cadwa dy hun
yn ddiogel. Dolur traed y ffosydd
yw'r perygl mwyaf.

Ofnaf yr ei di i drafferth:
tawedog oeddet ar lan afon Prysor,
yn barddoni yn dy ben.

Os bydd dy feddwl fel dy bapurau ar hyd y lle,
gofala na chei di gerydd llym.
Mi wn ac mi wyddost ti
na anwyd mohonot ar gyfer hyn.

Y milwr

Nid wyf wedi derbyn gair ers cyhyd.
Oes rhywbeth rhyfedd wedi digwydd?

Am ddiwrnodau mi fartsion ni,
ein cotiau mawr mor drwm â phlwm,
y cenllysg, y gwynt a'r glaw'n ddigon oer i rewi brain.

O'r diwedd, cyrraedd y llinell flaen:
sieliau'n clecian fel trenau cyflym,
yn plymio i bob man,
pistylloedd o bridd yn tasgu
gyfuwch â thai.

Yng nghanol y gwallgofrwydd du
mae gronynnau o aur,
cyd-filwr yn estyn llaw.

Ei gariad

Roedd angen i ti fod yn filwr
ond pan ddei di'n ôl,
bydd angen i ti fod yn ddyn.
Er bod dy ddwylo fel rhai pianydd,
maen nhw am dy droi di'n injan ddyrnu.

Dy ddwylo flingodd gwningod,
dynhaodd y lifrai brown bras,
glymodd gareiau'r esgidiau mawr gwydn.

Dy ddwylo di gyffyrddodd â'm corff.
Cofia ei sawr, ein bod ni'r eiliadau hynny
yn fyw gyda'n gilydd.

Y milwr

Braf yw clywed bod y coed yn eu blodau,
yr ŵyn yn y caeau,
bod y gwanwyn yn deffro ar ôl trwmgwsg hir.

Mi wnawn i unrhyw beth
i glywed pridd newydd ar fore o wanwyn.

Rydan ni wedi ein damnio,
yn rhofio mwd am loches,
yn straffaglu drwy gors heb arweiniad.

Angor yw darllen dy lythyr
pan fo amheuon fel llygod mawr yn sgrialu o gwmpas fy nhraed.

Weithiau mi af yn sownd mewn canghennau,
y coed yn deilchion
fel dynion wedi colli'r cyfan.

Ei gariad

Eisteddaf i a dy fam mewn cegin oer,
y llonyddwch fel saib cyn cyrch tân-belennau.

Y parsel yn cyrraedd.
Ai hwn yw'r cyfan sy ar ôl?
Ein teimladau ar wasgar, petheuach ar fwrdd.

Lapiwyd y pecyn yn daclus
am ddau grys, raser, pâr o drowsus,
sbaner bach, cyllell boced,
cudyn o wallt, waled.

Rydw i fel hogan bach
yn stwna efo'i bwyd.
Mi wnawn i unrhyw beth
i dy glywed di'n sisial geiriau serch,
i dy ddal di'n gyfan.

Gobaith

Yn seiliedig ar gerdd Derek Mahon, 'Everything is going to be alright', a fu'n gysur i lawer yn ystod y cyfnod clo

Sut mae modd peidio sirioli wrth syllu
ar gymylau'n dianc tu hwnt i'r ffenest ddormer
a llanw uchel yn adlais ar y nenfwd?
Bydd pobol yn marw, pobol yn marw
ond does dim angen ymhelaethu.
Llifa'r geiriau o'm llaw heb eu gwahodd
a'r ffynhonnell ddirgel yw'r galon yn gwylio.
Fe gwyd yr haul er gwaetha popeth
a'r dinasoedd pell sy'n brydferth a disglair.
Gorweddaf fan hyn yn haelioni'r heulwen,
yn gwylio'r wawr yn torri, y cymylau'n hedfan.
Fe fydd popeth yn iawn.

CLYMAU

Cod dy goler,
y gwynt fel ias 'rôl nodwydd y deintydd.
Os yw dy wyneb di'n farc cwestiwn,
cofia, ti sy'n mynnu dod 'nôl.

Yr ochor draw saif cragen o ysgol
ble cest ti wahoddiad. Cofio?
Camu o'r trên, cro'n dy din ar dy dalcen,
wedi gadel yr araith mewn drâr yn y coleg yn Aber.

Ond am awr gyfan
dy dafod yn loyw,
dy gof yn glir fel grisial
nes bod y disgyblion yn ferw o bob cyfeiriad.
Brwydrau Glyndŵr: cloddiaist yn ddwfwn,
tasgai trydan drw'r neuadd.

Rhai gwael y'n ni am gofio,
hon oedd dy thema di.

*   *   *

Drw ffenest dy stafell fyw
cyrhaedda'r hydref, y dail,
sy'n afiach yr olwg,
fel darne o bapur ymhob twll a chornel.
Ti'n mynnu y daw rhywun i roi trefen ar bopeth.
Y brige yn yr ardd ar wasgar
fel dryllie wedi eu hildio.

Gad hi nawr, Dad,
dim rhagor o storïe
am wylio'r awyrenne bomio,
am y goleuade whilo yn colli eu ffordd.

Ewn ni i lan y môr,
Porthcawl, fel hen drip ysgol Sul?
Ti'n iawn, atgofion am greigie miniog,
tywod ymhob man
(hyd yn oed brechdan),
y cyfan yn des yn y pellter.

Cod dy galon,
er bod y newyddion yn staen ar dy wyneb,
yn gymysg â'r grefi a'r jam.
Cofia'r tro cynta:
dy lyged yn pefrio ar y prom
wrth i'r hufen iâ siocled doddi ar dy dafod.
Dere, gwisga dy got fawr. Ewn ni i rywle.

*   *   *

Dishgwl, y niwl yn crynhoi ar gopa'r mynydd
fel twlu llien dros ford hir cyn gwerthu celfi Mam-gu.

Y diwrnod 'ny,
wrth i'r cols gwmpo mewn tân gwidw,
doedd dim
ond tician gwawdlyd y cloc
tra o'dd curiad ei chalon ar stop.
Dy wyneb yn fasg
mewn stafell ble o'dd gole'n gwanhau.

O'r diwedd, ti'n gwenu.
Llifa'r atgofion 'nôl, siŵr o fod:
neb yn ynys dan ddaear
mewn talcen caled, ysgwydd wrth ysgwydd.

Ond cymint o lo ar ôl,
dim modd ei gyrredd.

Fel hyn y mae, yr offer weindo wedi rhwdu,
y clo'n sownd ar y glwyd.

Sefwn ni yn y car
a gwylio'r gwynt a'r glaw
sy wedi erydu'r mynydd
ers cyn cof.

Pam, Dad?
O'dd wyneb Metron fel talcen tŷ:
ti'n llusgo dy gês o'r cwpwrdd.
'Wy'n dala'r trên nesa,' meddet ti.
'Odych chi wedi anghofio rhywbeth, Mr Richards?'

Wedest ti dy fod ar y ffordd
at Anti Maud yn Ynysmeudwy.
Grynda, ma' hi wedi mynd
ac est ti draw amser y Coroni
pan o't ti'n ddeg.

*   *   *

'Mewn â ti, bydd yn garcus, stepen.'
Dere i ga'l twymad.
Yn y caffi clyd y te'n felys
a Nia yn ein cyfarch ni â'i gwên radlon.

'Mr Richards, chi'n dishgwl fel y boi.'
Paid delwi. Gan bwyll, gormodd …
tr'eni, y twlpe siwgyr
yn toddi fel cello'dd ymennydd.

'Edrych, poster ar y wal, panto, Dic Tyrpin.'
Pan o'n i'n ishte ar dy gôl
yn y Miwni yn Ponty o'n i'n gweiddi'n fuddugoliaethus
bob tro y llwyddai i stopo'r goetsh.

'Beth? Ti'n barod i fynd?
Dim amynedd erbyn hyn, o's e?'

'Na olwg,
rhyw walch yn arllws y geme i gyd mewn i gwdyn
cyn i geffyl garlamu i'r düwch.

Ceffylau am hanner nos

Yn seiliedig ar gerdd Jack Gilbert

Ein calon sy'n crwydro yn y goedwig dywyll,
ein breuddwyd sy'n stryffaglach
yng nghastell amheuon
ond ma' miwsig yndon ni.
Er bod gobaith yn cael ei siwblachad,
angel sy'n codi eto a mynd â ni.

Tra byddwn ni'n cysgu, fodfedd wrth fodfedd
daw bore'r haf
cyn ein hebrwng wedyn
fel slasien â choesau hir
ar hyd hewlydd diolwg.

Dyw hi ddim yn syndod,
y perygl a'r diodde o'n cwmpas ni.
Yr hyn sy'n syndod yw'r canu.

Ni'n gwbod bod y ceffyle yn y ddôl dywyll.
Ni'n eu gwynto, clywn eu hanal nhw.

Ond para wna'n hysbryd fel dyn yn bystachu
trw ddyffryn rhewllyd
cyn gwynto blode'n sydyn
a sylweddoli
bod yr eira'n dadleth
o'r golwg ar y gopa,
bod y gwanwyn ar gerdded.

GWRES

Diwrnod cynta

Fel ddo'
pan dynnodd Mam 'y nhei'n feis,
pan o'dd trwser hir yn byta fel llaw.

Troedio'n ysgawn rhwng y clwydi gothig,
swmpo bag ysgol gwyryfol,
'y nghap yn uniongred.

Wedi lledu'n dân drw'r nos:
beth fydde'r croeso?
Suddo 'mhen yn y tŷ bach?

Tro cynta arall:
sylla dynion â llyged di-nwyd
ar boeri tân.

Rhewaf rhag y gwres eirias.

Tu ôl eu hwynebe mor llwyd â lludu,
gwinga drychiolaethe ar sgrin y wal
wrth i'r peirianne rygnu,
rhegi'n groch.

Dan hollt yn y to
ysaf am gyffwrdd â geme'r sêr.

'Sym dy din,' medd fforman,
ei lyged yn wreichion.

Rhywun pwysig iawn

Yr awel mor brin â chiosg ffôn
wrth yrru trw Saint-y-brid
hibo wal gerrig wegia fel meddwyn.

Cracia'r llun bugeiliol,
gwynt ych-a-fi
fel yr un
pan gyrhaeddodd Ffrwydrad, yr athro Cemeg, ei bwynt berwi.

Fel y tro
des i'n ôl o'r gwylie,
pan ges i groeso Rhywun Pwysig Iawn
cyn chwarddai cyd-weithiwr yng nghil ei ddwrn.

'Beth sy'n bod?'
'Dim.'

Agor y locer fel agor seff,
rhwygo clawr y bocs, cario'r druan fach
fel 'sen i'n mynd ag aur
i'r Baban Iesu.

Pan chwarddai llyged pawb
rhuddai llyged y gwningen.

Ymuno yn yr hwyl
ond 'y nghalon fel curiad bom.

Dicter y duw tân

Tolach cwpan yng nghornel caffi,
syllu ar foncyff gwag o hewl.
Fel hyn o'dd hi amser angladd Diana.

Pan ddaw Antonio i mewn,
sycha ei wddwg a'i dalcen.
Ei ddwylo'n arian byw.

Yn araf, difera'r gerddorieth gefndir
o beiriant
lle cyrcyda eryr euraidd ar fin hedfan.

Weithie torra'r peiriant wynt fel babi.
Dro arall achwyna
fel hen lanc heb dreulio ei ginio.
Y funud hon poera stêm,
gan fygwth ein hwthu'n yfflon.
Y bore 'ma rhuodd Ffwrnes Pump,
dicter y duw tân wedi ei gynnu.

Brathai ambiwlansys
fel seiren cyrch awyr
tra gwasgai pawb eu clustie.

Carreg ar draws llyn

Ro'dd blas y gansen ar y bore,
wyneb y prifathro
wedi ei naddu'n arw dros nos.

Ein Apolo ni, Arnold,
allai redeg fel y gwynt,
yn stond catsh fel gwaywffon mewn storfa.

Ddwy flynedd wedyn ar dŷ gwydyr o brynhawn,
gwichia rhwnc uchelseinydd
wrth i ias teyrnged afel.

Pan gydiwn

yn rafft achub emyn,
arnofia tôn arall i'r wyneb,
y gân whibanai Dai wrth hastu i'r allanfa,
ei gap ar ochor ei ben.

Pwysa'r arch mor ysgawn â gwawn.
Llithrodd Dai i bair berwedig.

Ond sgleintia carreg ei gân ar draws llyn atgofion.

Tudalenne gweigion

Digon i godi gwên ar rywun:
pipa pelydre'r haul drw grychdonne afon.

Digon pan yw rhywun
yn styffaglach i lenwi tudalenne gweigion
rhwng clorie cwsg.

Digon pan bydra llythyron cymen
yn bentwr anniben.

Arwyddair yr ysgol o'dd 'Ymdrech a lwydda'.
Pryd bydd dy wialen yn fwa tyn?

Er i ti fwy nag unweth
dwlu dy lein ar ongl wahanol,
fe ddaw yn amlach,
rhywbeth yn dy berfedd,
llysywen yn llercan.

Pa mor hir y byddi di'n
gwingo mewn rhwyd?

Siew filwrol

Ro'dd un arall yr un poerad â hwn:
ei fwstásh mor gwta â'i groeso,
pigyn ei gap mor finiog â'i dafod.

Ble o'n i?

Yn y castell cyn siew filwrol,
'y ninas dan warchae,
rhes o dancie'n rhodresa ar hyd Stryd y Dug,
eu trwyne'n trywanu swildod bore Sul.

Ro'dd e wedi cyfarth 'Beth amdani?'
Pan atebes i, bygythiai ei lyged bilo tato.

Yn y swyddfa recriwtio
pwyntia hwn at arwyddair disglair,
'Oni heuir ni fedir',
ar waelod llun lle ma' wyneb yn y rhes fla'n
yn welw fel yr angau.

Estyn y sarjant ei feis o law.
'Wnei di ddim difaru.'

Cau'r drws yn dyner,
yr haul yn uchel yn yr awyr.

Torri'r rhengo'dd

I'r gad!

Gwaeddwn a chellweirwn ar y trên
wrth ddarlyncu fodca o botel lemonêd.

Ysu am daro targed heno, y brifddinas,
cyrch ar Hewl yr Eglwys Fair,
herio bownsyrs boliog, gorilas mewn teis bwa.
Gawn ni hwyl ryfeddol.

Ond yn y Duke of Wellington torri'r rhengo'dd,
dy wên di'n llonni'r lle,
dy lyged yn fflachio addewid.

Wedyn dy hebrwng di mewn tacsi i Gyncoed
lle gwarchoda coed pinwydd y pafin.

Cusan ysgawn ar 'y moch, rhagflas.

Wrth gerdded i'r stesion, dodi llaw yn 'y mhoced:
nodyn lliw glas gole, rhif ffôn,
a phersawr yn cofleidio'r cyfan.
Codi 'mhen, y lleuad ar gynnydd.

Addoli

Y noson ola cyn hwylio.
'Gobitho y dei di'n ôl yn saff,' meddet ti.
'Paid mynd o fla'n gofid.'

Addoli yn nheml dy gorff:
ein cusane anniffodd yn fodd i fyw,
fel mynd ar daith ddirgel
cyn ffrwydro, ffrydio, rhegi ein gorfoledd.

Gorwedd ym mreichie ein gilydd,
yn herio'r tywyllwch
wrth i'n metel gwynias bylu.

Diolch am yr anrheg:
pan fydda i'n dala hon o dan y gole,
fydda i'n gweld llewyrch llyged.

Rhes o groese

Damo, y post yn hwyr neu ti wedi anghofio …

Cynigia sarjant offer amddiffyn clyw.
Siglo 'mhen, ar y dec ymgolli yn nhasgu'r bwledi.

Hanner awr wedyn sgrech o rywle, neidio ar y bync ucha,
rhythu ar res o groese.

Er ein bod fel penwaig mewn halen,
dy lythyr yn agor dryse,
dy gusane'n drech
na'r chwys jingoistaidd
fel yr un mewn stafell newid cyn gêm dyngedfennol.

Wrth i'r bad nesáu at ben y daith,
ein pylie o wherthin
yw'r grofen
ar losgfynydd.

Gwlad yr addewid

Mynna'r sarjant fod yr amser yn brin:
'Dyle pawb fod fel injan, yn barod i danio.'

Y llenni'n agor,
yn diffodd cellwair y criw.

Pwy ar y ddaear yw hon?
Yr un lliw gwallt, ei thrwyn yn crychu wrth wenu.
Hi'n cydio yn ei law, yn ei dywys
yn dyner, bron yn ddawns araf.

Ar ben y stâr lapswchan, yn canu yn y cof, cyn …
Yn dy lyged roedd gwlad yr addewid.

Chwerthina'r criw yn wawdlyd
ond nid fel hyn oedd ein noson ni.

Hoe arall wedyn, mwgyn ar y dec.
Bob munud gyr y tonne ni ar wahân.

Yr haul

Ti'n cofio tra'th Ynys y Barri,
yr haul yn galon-galed,
dy gro'n yn deg, mor fregus â breuddwyd?

Y bore 'ny mynd mawr ar y poteli eli haul.
Ond pwy sy'n ein hachub ni?
Ein hawyr yn wag nes i'r Skyhawks ei rhwygo.

Llosga'r milwyr fel eithin,
eu cro'n yn garpie.

Cusana awel y dec yn ofer.

Cwmni

Ar seld goleuai llun o Mam y stafell fyw:
Ysbyty Treforys, 1942,
ei ffurfwisg yn felyn briallu,
ei choler a'i chyffie fel sidan.

Mae e newydd gyrredd, cwmni, gobitho.
Troi 'mhen, hwn fel mymi,
ei rwymynne'n mogi ei sgrechfoydd.
Tatŵ ar ei fraich yn y golwg:
gogoniant.

'Newyddion da,' medd nyrs yn 'y nghlust,
'yn dy ryddhau di fory.
Gei di hen ddigon o lonydd.'

Cusan ar 'y nhalcen
fel gole mwyn
cyn iddi ffoi fel cadno rhag ei elyn.

Gartre

Gartre o'r diwedd, gad ifi orwedd …
Paid, dy bryd o dafod
fel rheg o fwlch yn ochor y bad.

Paid edrych fel 'na:
erbyn hyn, cwtsho fel heintio,
cusan yn dân ar 'y nghro'n.

Rho amser ifi
ddod 'nôl o dir neb.

Gartre o'r diwedd,
gad ifi orwedd o dan dy gwrlid.

Mynna golygfa ailwhare yn y cof:
trial dodi hen racsyn dros wyneb
ond ei lyged yn brifo rhywun i'r byw.

All cusane ddim dofi'r bwystfil.

Mynd am dro, 1942

Yn seiliedig ar gerdd Charles Simic

Hwn yw'r atgof cynta:
diwrnod diddrwg didda,
yr awyr yn gaseg lwyd cyn y Nadolig.

Dynion mewn dillad di-ra'n
yn tyrru i'r gwaith fel 'sen nhw'n gweddïo.

'Paid â chodi dy ben,' medd Mam,
ond rhyw ddiawl ynof
fel blaidd yn neidio o dudalen stori tylwyth teg.

Tra bydd anal yn fy nghorff,
pendilia yn fy nghof
rywun wy ddim yn ei nabod,
fel bwgan brain
yn crogi o bolyn lamp.

Dim Nadolig eleni:
tranglwns ar goeden
yn crogi dan angel bregus.

FFENESTRI

Y mab

Tra bod dy law'n feis
achos gwregys diogelwch dy ofan,
ceisiaf greu byd newydd,
darne plastisîn 'y nychymyg
yn troi'n bob siâp.

O'r aden hyd y gorwel
estyn y cymyle'n fynyddoedd iâ,
yn wyryfol wyn
fel ffrog briodas Mam.

Os byddi di'n crasu, dy wyneb fel twrci,
fel ffeirad mewn ffair yn Sbaen,
dychmyga dwlpyn o iâ'n hisian
yn ias i lawr dy gefen.

Y tad

Digon i dynnu dŵr o dy ddannedd:
Madonna Merthyr, ei donie ar waith,
yn gerflun symudol,
yn dawnsio ar darmac du.

Ei gwallt yn ewyn ar don, meddet ti,
ei nicyrs yn pefrio yn yr heulwen,
yn drech na chwmwl
gwers Ffrangeg (y Modd Dibynnol).

Ei gorchest yn ffrâm lwyd y ffenest
achosodd ymchwydd,
ton coctel peryglus dy hormone.

Gyrrwr dibrofiad wyt ti,
dy injan yn gweryru'n sydyn,
a 'nghyngor i yw hyn:
dere, Dawn, dawnsia eto.

Y mab

Os yw'r cyffro fel trydan y gwifre uwchben,
ma'r cerbyd yn hercan dros y pwyntie atal.

Awn hibo fflatie,
ble ma' golch gobeithion
yn fflapan yn simsan,
hibo nendyre gwydrog fel porthorion difater.

Awn hibo llun o fenyw â sbectol Marjorie Proops,
lipstic llachar, dwrn o ên,
y poster fel oren wedi ei hanner pilo.

Fydd to'r stesion yn ddigon uchel
i ddal dy holl freuddwydion?

Y tad

Dy lyged di yn ali bops
wrth i'r brynie droi'n forynne
dan hollt o heulwen.

Anodd yw dilyn y map
gan fod tirwedd, stwmoge dynion, hambyrgyrs
yn llenwi fel hwylie.

Hibo Monterey, Big Sur, San Luis Obispo,
ble ma' amser yn ddiystyr
mewn byd difesur, eistedda'n ôl,
y co'd palmwydd yn dawnsio'n araf
i gyfeiliant awel y môr.

Ymagor ma' Highway One hyd y gorwel
wrth i ni lifo mewn ffilm,
eu pibe heddwch, eu penne saethe a'u gleinie nhw'n
stribedi seliwloid ar lawr.

Y mab

Fe ddei di dros hyn
er bod dy ffenest yn gryndod,
er i labwstyn ddychryn *Munud i Feddwl*.

Rhewodd dy gorff
fel 'se jet yn siglo'r co'd hyd eu seilie.
Fe ddei di'n well
serch cerydd llais mwyn y meddyg.

Cod dy ben, edrych drwy'r ffenest,
paid gadel i'r ofan geulo.

Y tad

Heb sylwi o'r bla'n,
jwg cennin Pedr ar shilff y ffenest,
llond dwrn o addolwyr yn gweddïo.

Yn y tŵr dwi'n nes at y nefo'dd
ond yr unig gwmni
yw peipen yn cecian wherthin.

Paid bod yn hir, alla i glywed
gorchuddion bras ar gelfi.
Alla i glywed
gwynt peli camffor
yn tin-droi fel ysbrydion.

Y mab

Paid rhythu, Dad, ar hewl drymedd
lle coda'r tarth yn ddrychioleth.

Yng ngardd anniben dy feddwl
gad i hade siant mantra
ddisgyn ar y ddaear a gwreiddio.

Gad i oleuade fel lampe glowyr
gynnu wastod ar hyd twnnel hir.

Graffiti ym Merlin

Yn seiliedig ar gerdd William Heyen

Ar noson fwyn fel cyffur yn esmwytháu,
hastu o far yr Hackendahl
ar hyd Friedrichstrasse sy wedi ffoi
rhag gafel y gorffennol.

Troi, dilyn hewl ochor, ife hon yw hi?
Anelu at gyrredd hostel
cyn i'r drws gloi ar noson glyd.

Ond oherwydd llifole trac raso,
sy'n dallu fel gole gwersyll,
fe rytha arna i,
sgrech ar hyd yr oeso'dd.

Wal yn llawn siapie cordeddog.

Ar yr olwg gynta, gwaith cyw artist
a sglefriai ar ddwmbwr-dambar ei ddychymyg.
Ond wrth nesáu, llyncu 'mhoer,
ias oer sythwelediad:
craffu ar gyrff wedi crebachu,
Luger milwr yn sgyrnygu ar sgerbwd o ddyn,
breichie a choese'n troi a throsi.

Ar noson fwyn fel cyffur yn esmwytháu,
ailegyr y llenni.

Fi yw fe, Dad yn llanc,
yn gwylio cilog Pathé News yn clochdar,
cyn rhannu jôc slei â'i ffrindie.

Wedyn rhewa ei wherthin
wrth wylio'r delwedde,
ei ddiniweidrwydd yn whalu'n
fasgle cnau mwnci ar lawr sinema'r Gaiety.

RHENGO'DD

Er cof am fy hen wncwl, Preifat David Thomas Hughes, fu farw ym Mrwydr y Somme ar 7 Gorffennaf 1916 yn y cyrch cyntaf i gipio Coedwig Mametz

Atgof

Atgof wa'th blas yn 'y ngheg,
tonne leilac a garlleg,
tin-droi ar lwybyr carreg.

Ro'dd llancie'n martsio'n llu,
yn ddi-dranc wrth gydgamu
ar sgwâr yn Aberhonddu.

Daw sgrech sarjant yn sydyn.
Nage ymarfer mo hyn,
clymu gwlanen dene'n dynn.

O rywle, yn fwy na stranc,
siâp brown, ei law dde'n grafanc.
O'i ben llyged am ddianc.

Stablan ar gorff, sy'n gorwedd,
fel ceffyle anhywedd.
Hyn yn para'n ddiddiwedd.

Rhengo'dd yn igam-ogam,
dyn yn gweiddi am ei fam.
Ar led ma' drws y seilam.

Dan warchae

I Dad

Rho ifi'r ddawn i dwmlo
dy ias 'rôl gadel Lerpwl am Jo'burg
wrth i'r llonge tanfor
gylchu fel siarcod.

Rho ifi'r ddawn i ddyall
y rhai o'dd yn priodi dros nos,
eu haddewidion
yn gonffeti yn y gwynt.

Rho ifi'r ddawn i dwmlo'r
islif grafai dy gylla
wrth i'r cerbyd glanio
nesáu at dra'th Anzio.

O sedd gyfforddus
y gwyliaf olygfeydd erchyll.
Ein cenhedleth ni heb listio,
yn bolaheulo ar leilo'r Wladwriaeth Les.

Ym Monte Cassino ro't ti
dan warchae bwledi
tra 'mod i'n becso
am ergydion pris nwy'n codi.

Ffowla

Ar ôl darllen Soldaten: On Fighting, Killing and Dying, *llyfr am brofiadau rhai o filwyr cyffredin yr Almaen*

Yng Ngwlad Pwyl mae gêm newydd,
yn fêl ar fysedd,
yn don yn sgubo wal undonedd.

Ar ôl cinio wrth rwto ei fola,
dywed y swyddog: 'Chi'n barod am dipyn o sbort?'

Tri deg ohonyn nhw
a'r swyddog yn ein hysian ni
fel stondinwr ffair.
Torf yn tyrru yn yr Hewl Fawr,
yn dwristied. Does neb angen tocyn.

Ninne'n gudd tu ôl i orchudd cafne blode
ar ail lawr Gwesty Paradwys.
Nhw mewn breuddwyd, mewn esgus o barêd.

Ei wyneb diniwed crwn
o fewn annel gwn,
y carn yn cytsho yndo i
a'r ergydio ar antur yn gyffur yn y gwa'd.
Troedio tir NI CHANIATEIR,
yn amddifad o owns o gydymdeimlad,
yn frenin ar ennyd ei fyw.

Hwyl criw hela: 'rhaid rheoli pla.'
Ffowla am y tro cynta,
whare plant yw hela ffesantod.

Fflamau

I Simon Skinner oedd yn Rhyfel y Malfinas

Wrth y ford mae'r fflamau'n
goleuo'n hwynebau,
y canhwyllau'n filwyr balch.

Daliwn ein dwylo'n dynn,
y tonnau'n llio'r traeth,
a syllwn ar y môr llonydd
wedi ei gloi gan wrthglawdd.

I gyfeiliant tincial y gwydrau,
sibrydwn hen gyfrinachau,
aildanio'r ffiws.

'Beth sy'n bod?'
'Dim.'
'O's ...'

Mae pawb yn troi eu pennau
am fy mod ar hast
drwy ddrws DIHANGFA, yn cilio rhag y gelyn.

Mae hi fel ddoe, y môr yn dawel,
heb wynt nac awel.
Ugain mlynedd yn ôl
draw ar draeth pell
daeth yr adar o uffern
i mewn i 'myd
a'i rwygo ag ergydion,
a'r rhai ar y dec
yr oedd y tes yn eu hanwesu
a losgodd yn gols.

Gwynt y cig eidion
o'r gegin bum seren
yw eu cnawd yn digoni.

Ar draws y blynyddoedd
mae'r taflegryn yn treiddio'r amddiffynfeydd,
y tanio'n atseinio,
y fflamau'n ffrwydro,
ffiws ddiorffwys, creithiau'n gegrwth.

Fe ges i'n hala i gadw'r heddwch.

Ar y clwt

Yn seiliedig ar gerdd Michel Houellebecq

Croesi dinas nad yw'n cynnig rhagor,
ymhlith pobol sy wastad yn adfywio.
Ti'n ei nabod oddi ar dy gof, y metro uwchddaearol,
â'r dyddiau heibio heb i ti weud gair.

Dod 'nôl yn y prynhawn o'r lle dôl,
myfyrio'n sarrug am y rhent.
Walle na fyddwn ni fyw ond heneiddiwn beth bynnag,
sdim byd yn newid, nid yr haf na …

'Rôl ychydig o fisoedd daw'r budd-dal i ben,
daw'r hydref 'nôl mor araf â'r madredd;
yr unig feddwl yw arian …
ar ben dy hunan, ti'n llusgo byw.

Dawns ddirfodol pawb arall yn para,
wal dryloyw yn dy warchod di.
Y gaea wedi dod 'nôl; eu bywyd yn real i bob golwg.
Rywle walle arhosa'r dyfodol amdanat ti.

Dadleth

Bob nos hon yw'n harlwy,
gynnau mawr yn ic-acan,
trwynau tanciau bron â sgubo trwy'r sgrin.

Y tanio'n ddi-baid,
yn rhewi gwên ar wefus,
yn grepach ar groen a meddwl,
ac ildiwn i swyn yr anesthetig wrth i'r nos nesáu.

Dim ond fe, y bardd,
ei lamp yn llosgi'n goch gan awen,
all ddadleth yr iâ.

DIM MASG, DIM MYNEDIAD

Y gŵr

Mor ddidaro â dim fel arfer yw hi
ond heddi rhywbeth yn ei chnoi, y dderbynyddes,
a daw i gof feddyg ofidiai am gleifion yng ngafel clefyd dirgel
yr ochor arall i'r ddaear.

Yn ddyfal, claddai'r awdurdode'r rhybuddion mewn bedde dienw
ond dihangodd y firws fel cadno rhag magal.
Stumogyn yw, yn haerllug fuddugol. Hwn yw ei fan gwan.

Bythywnos wedyn 'nôl â fi i'r feddygfa.
Arwydd yn llais main:
DIM MASG, DIM MYNEDIAD.

Y wraig

Diar mi, beth ddaw drosto i? Hwrdd o hwfro cyn i'r ddau ddod.
Eu cwestiwn cynta: 'Ody e'n anadlu?' 'Peidiwch bod yn dwp.'

Lan lofft wedyn, un yn sibrwd wrth y llall
fel 'sen nhw'n cynllwynio: 'Lefel yn isel ...'
Er i mi droi'r rheiddiadur yn uwch,
rhewaf at fêr fy esgyrn.

Yn awel yr hwyr llyfeda'r gŵr, pob anadl yn suddo.
Fe wn beth fydd diwedd y gân.

'Fydda i 'nôl,' medd e, ei lais yn gwywo
cyn i'r dryse gau'n derfynol.

Y gŵr

Hwb i'r galon, sylw, o ryw fath.
Haeddu hoe ond y mwstwr. Chredet ti byth. Ffinda, plis, y clustffone.
Ysbrydion yn hedfan hibo mewn cotie gwyn.
Serch yr hurtwch, y doctor yn siarad fel darllenwr newyddion.

Os wy fel deilen yn crynu, pam 'mod i'n tshwps diferu?
'Ti yw'r nesa yn y gwt,' medd nyrs.

Yn y cyfamser, wy'n fodie i gyd,
yn trial hala neges, cawl potsh o lythrenne. Angen golygydd.
Y ffôn yn baglu, ei sgrin yn wydyr barugog.

Bydd y wraig yn gweld bod drwg yn y caws.

Y wraig

Rhubane, sy ddim yn dathlu'r jiwbilî, yn tagu maes parcio.

Gorfod gwisgo'r arfwisg yn y cyntedd rhag y gelyn cudd,
yn barod, bodlon ac abl.

I mewn â ni i'r Ardal Goch, 'na enw.
Wrth i ni wthio'r dryse siglo, siapie'n ymrithio, popeth yn niwl
ond wyneb y nyrs. 'Cofia, ma' fe yn y lle gore,' medd hi.

Gorwedd y dyn, oedd yn enaid y parti, fel bad wedi troi drosodd,
ei groen yn gŵyr, yn mwmial am angladd rhywun ...
Dwi eisiau ei gofleidio, hyn mor naturiol ag anadlu.

Y doctor â barn bendant. Plymio fydd y gŵr i gors anymwybod.

Y gŵr

Sŵn siarp berfedd nos, car yn sglefrio
er bod yr hewl ar gau.
Cloch drws ffrynt yn canu fel conan sgrafell.

Codi, cytsho mewn tortsh. Wrth i fi agosáu,
rhywun yn whalu ffenestri
nes bod rhuo fel gwynt yn hastu at nerth storom.

Y wraig yn cytsho yn 'y mraich nes ei bod hi'n rhoi lo's.

Dyn fel fforiwr, yn gwisgo cot sy'n dangos ei dannedd,
ei farf yn llwyd, yn drwchus, yn diferu o boer,
yn rhedeg. Ata i. Ei lyged yn wenfflam.

Y wraig

Bwletin dyddiol i bawb: eich tad wedi cael trawiad
ac os bydd ei galon yn stopio ... fydd dim adfywio.

Y gwir moel: haint ar ei sgyfaint,
ei gyhyre'n dir diffaith. All e ddim ffusto ei ffordd drwodd.

'O dan yr amgylchiadau,' medd llais llugoer ar y ffôn,
'chi wedi ystyried ...?'

Pan darodd Cofid, fe gafodd y gŵr ei ddychryn i farwolaeth
ond ... rhestr fer yn ei ben ... pan fyddai'r gwaetha drosodd.

'Un dydd ar y tro,' medd y llais, 'er ...'
Ceudwll yn llyncu llygedyn o oleuni.

Y gŵr

Dan gawod o hunllefe:
cymdogion yn cilwenu, yn 'y nghladdu ym medd Dat,
nyrsys yn lychan wherthin cyn 'y nhwlu mewn i bwll.
Finne'n gwingo fel neidir wedi ei thorri'n ddarne.

Dihuno. Pwy sy wrth y llyw?
Peiriant yn swno fel un godro, ei gerddediad yn gadarn.

Trial setlo ond fel landlord yn dod 'nôl o bellter mawr,
fel 'se whyn yn tagu'r walydd. 'Y mrest i'n gors i gyd.

'Ti heb fod yn hwylus,' medd nyrs â gwên gynnes.
Ei llaw fel clai.

Y wraig

Cerdded ar flaene 'nhraed heibio rhesi diddiwedd.

Pan gyrhaeddodd gynta roedd fel parsel wedi ei rwygo yn y post.
Fe o hyd mor fregus ag adenydd pilipala,
ei gorff dan glo ond tiwb yn ei stumog yn ei achub rhag newyn.

Yna chwytha chwa. Gwasga'r nyrs fotwm
ac wrth i gân Bob Dylan fynd i hwyl, daw'r claf o farw'n fyw:
gwefuse'r gŵr yn bywhau neu'n sibrwd gweddi.
Ar ben hynny, fe gwyd ei ddwylo wrth esgus canu organ geg.

Y gwarchae'n codi. Gollwng dagre.

Yr eos

Er cof am Dorothy, chwaer-yng-nghyfraith, enillydd unawd cerdd dant Eisteddfod Genedlaethol Llandudno 1963

Crac mewn argae, yn wae, yn wad. Pam hyn?
Pam hi? Heb esboniad
i ddofi'n byw amddifad.

Un fflach ei bywyd cyn y fflam. Cofio'r
cyfan, rhodd anwylfam.
Ein Sul sy'n troi yn seilam.

Mor wag yw'r tŷ, mae'n gragen, heb y gân,
heb gwsg. Ffrâm anniben,
dywyll yw heb oed llawen.

Yn ddygn, teimlwn yn ddiegni, yn foel
neu fel clwtyn llestri.
Dim nerth, felly dyma ni.

Mae'r heulwen? Mae'r ffrog amryliw? Mae'r ddawn?
Mae'r ddoe a fu'n heddiw?
Mae defod ei bod a'i byw?

Ar ôl bedd daw ei rhyfeddod – yn gloch,
fe glywn aur ei thafod.
I bawb mae'r eos yn bod.

LLANW'N TROI

I G.P. a'r dioddefwyr eraill

Ochenaid o ffilm
Pentre'r Eglwys

Ar nos Sadwrn gwga dy fab
yng nghell gosb ei g'wilydd
a gwylio ochenaid o ffilm
lle ma' daliwr sigaréts Noel Coward
yn hofran fel hudlath.

'Pam ti ddim yn gwenu, Dad?'

Ailegyr hen glwyf, golau sigarét yn pefrio
ym mho'n mud stafell.

'Rôl amser gwely
ro't ti'n bownsan fel bwi ar ei arffed,
y dyn â dannedd fel beddau wedi eu staenio.

Hyd heddi
glyna ei fwg wrth dy ddillad.

Blas eger
Parc y Rhath, Caerdydd

Rhytha ar y wal yn wastad
fel 'se hi'n hongian
fel cwt llewpart gafodd ei hela yn Affrica.

Ar laswellt ir dy freuddwyd
fe ysi di
am gripad heibio'r arwydd NI CHANIATEIR,

agor clo di-glem ei sied,
cytsho yn ei chwiban,
ei thaflu â dy holl nerth.

Hon yw ei sêl frenhinol,
yn damsiel taeogion dan draed,
ei blas eger yn rhewi criw o reps,
yn dadleth nwyd cariadon sy'n nythu mewn perth.

A ddaw cyfle
i ti ei distewi am byth?

Rhes fel carcharorion
Marchnad Abertawe

Hon yn ferw o arogleuon,
mins peis, coffi, persawr Madam Sera.

Yn y gornel hongiai rhes
fel carcharorion, yn frown, yn ddu, yn wyn,
yn aros eu tynged.

Dewisodd un â bwcwl siâp eryr,
ei adenydd yn ymchwydd,
cyn swagro at yr allanfa
fel Clint Eastwood mewn ffilm.

Ar hap y digwyddai'r potsian,
rhyw chwilen yn ei ben
fel crych mewn gwifren.

Fe dasgai ei felt heb frath cydwybod.
Yng nghornel y seler
dychrynai fioled Affrica
gan dywyllwch.

Y cloc mawr
Llanidloes

Chwaraeai drama bob blwyddyn o flaen y tân,
yr un stori'n clindarddach,
fod Dad-cu fel gwiwer wedi eu crynhoi am flynyddoedd,
cwato papurau punnoedd
tu ôl i'r cloc mawr
safai fel milwr yn y cyntedd.

Pan ofynnest iddo
shwd oedd y rhyfel,
fe glodd clicied ei atgofion.

Llechai ei fedalau, meddai pawb,
mewn cist siâp arch
rhag ofan
y byddai'r heulwen yn eu dallu.

Try rhywbeth y dŵr yn llwyd:
llabwst o barsel yn seff dy feddwl,
tithau'n fysedd i gyd.

Tynnu'r tennyn
Stad y Gurnos, Merthyr

Un noson roedd ei groeso'n
gawl tenau.
Ife mosg oedd parlwr ei dŷ cornel?

Fi wyneb fel twrci,
ei ddwrn yn cloi,
a'i atal yn gawod o fwledi.
Dy lithriad,
llacs ar ei garped newydd, porffor.

Yr un yw'r storom yn dy ben.

Gofala dy fod yn tynnu'r tennyn:
y daeargi'n dyhefod yn wyllt,
yn llyfedu, ei lygaid yn gwylltio'n gudyll
o fewn cyrraedd rhes o eirlysiau.

Y bocs mawr
Y Rhath, Caerdydd

Gorweddai fel slabyn o bafin
wrth waelod y golfen Nadolig.

Dyfalu, dim clem.
Darllen cyfarwyddiadau o'dd mor rhwydd
â chroesair cryptig.

'Bydd hon yn barod whap,' meddai dy dad.
'Bachan fel ti ...'

Nosweithiau hir heb *Coronation Street*.
'Daro di,' meddai dy fam,
tiwb dy amynedd yn gollwng,
darnau plastig, pob siâp,
yn gwrthryfela, ar wasgar ar ford,
cyn i'r eryr o awyren fomio
grogi o nenfwd dy stafell wely
a llygadu ei darged.

Mae tolc rywle
Stad y Gurnos, Merthyr

Bob bore Sul
chwistrellai'r Ford Escort yn dyner
cyn ei anwesu

â chlwtyn lleder siami.

Roedd tolc rywle:
fel Pwnsh, y dwrn yn deyrn,
ei wraig yn ffrwythyn wedi ei glensio
ar lawr y gegin.

Pryd wnei di droi cornel
cyn bod y pris yn uchel?

Mae tolc rywle,
cylched pwt yn dy feddwl.

Dros dro, gobeithio,
bydd y lifft yn sownd rhwng dau lawr,
dy freuddwyd
yn bwll glo wedi ei selio,
yn llyfyr caeedig.

Geiriau'n arnofio
Pen-y-groes, Gwynedd

Wrth i rywun gael ei hebrwng
ar hyd coridor hir,
does neb yn barod.

Gweld sglein colur ar wyneb dy dad
fel gwêr yn glynu wrth fysedd,
botymau disglair ei siwt hamdden
fel arian drwg.

Geiriau'n arnofio yn dy ben
heb gyrraedd y lan
fel y rhai heb grisialu'n neges i'r sarjant,
yr un fel sach yn bolio gan dato tu ôl i gownter,

tra bod y dyn â'r dannedd drwg
yn cyrcydu,
yn barod i bylu golau
llygaid llanc.

Pistol boliog
Stad y Gurnos, Merthyr

Ar wal ei barlwr
hongiai pistol boliog
fel un Jim yn *Ynys y Trysor*.

Breuddwydiest unwaith
ei fod yn chwarae rwlét y Rwsiaid,
fod ei wyneb fel ci'n carthu asgwrn.

Llongyfarchiadau
ar ollwng y gath o'r cwd
ond weithiau mae dy gar yn arafu,
y niwl yn ceulo o'i gwmpas,
dy anadlu'n rhaff dynn.

Fel gwylio
dyn anhysbys
yn cyhwfan cleddyf o ddryll
wrth i golomennod o dwristiaid
wasgaru o'r sgwâr.

Tir neb y cledrau
Lôn gefen yn y Rhath, Caerdydd

Pa mor galed
oedd dringo wal ddiadlam dy ofan?

Yn ddeuddeg oed,

sgathrest dy benliniau, dy falchder
'rôl cico'r bêl
i dir neb y cledrau
rhwng Caerdydd a Chaerffili.

Pa mor galed
yw chwalu cerfluniau,
dymchwel pileri hen drefen?

Tr'eni
bod stwbwrnu'n
ra'n bras yn y pren.

Ond un prynhawn,
pan yw heulwen Mehefin
yn enfys o ffenestri lliw
yn Eglwys Gadeiriol Lincoln,
fe weli di Hi, y Forwyn Fair,
ei llygaid
yn sibrwd trugaredd.

Cadwyn Sant Christopher
Pentre'r Eglwys

Fe ddaw ymwelydd heno,
Gwenno, ffrind ffyddlon dy groten,
ei gwên yn ailgynnu tân gwidw.

Am ei gwddwg gwisga'r gadwyn
hyd yn oed, dybiwn i,
pan yw'n syrffio ar donnau ei breuddwydion.

Ond ailegyr hen glwyf:
sgwria cwmwl arwyneb yr haul.

A ddaw'r ficer
â'i wg tragwyddol
i fwrw mas ysbryd drwg?

'Co nhw, yr ochor draw i'r hewl,
yn clecan fel piod yn y co'd.

Dim mwg heb dân.

Y gist yn yr atig
Pen-y-groes, Dyffryn Aman

Bron yn aelod o'r teulu:
a'th gyda dy dad i Gorea
pan o'dd Rwsia ac America'n
sgwaru eu hysgwyddau.

Yn sownd wrth do'r Austin Seven
o Login i Gaerfyrddin
cyn cwympodd gwep y porthor
ar blatfform Caerdydd.

Pan gyrhaeddest ti'r fflat yn Fulham,
cynigodd tri helpu
ond y stâr yn benysgawn,
mor serth fel bod clychau'r eglwys
yn ddigalon.

Paid agor hi
rhag ofan bod ei hanal yn gwynto'n drwm.

Gwarchae glaw trwm
Y Rhath, Caerdydd

Fel aros am Godot
'rôl ishte wrth ddesg sigledig,
mynd ar goll
yn labyrinth posau siapiau geometrig.

Un bore disgynnodd yr amlen
yn dyner ar deils y cyntedd.
Agor yn araf:
fyddet ti'n cael dy siynto
i gilffordd ysgol uwchradd fodern?

Bytholwyrdd oedd chwibaniad postman.
Dy fam yn gynnes ei gwên.

Chwarter canrif wedyn
daw'r geiriau'n sgwd 'rôl gwarchae glaw trwm.

Gollynga dy wraig blât ar lawr y gegin,
try ei llygaid hi'n soseri.

Amlen
Pentre'r Eglwys

Ddaw hi ddim mor amal,
y storom yn dy ben ddylai droi'n
gerydd i'r Gŵr Drwg.

Pan agori di'r amlen,
fe weli ysgrifen tra'd brain y bwten,
oedd fel rholyn o bapurau punnoedd,
yr un dynnest ti o gerrynt ei gofid.

Dadlapia'r rhodd:
y bwten yn troi'n
Fwda bach sy'n myfyrio'r dydd.

Mor syth â saeth

I Mam

Fel ffair y mae hi heddi:
y fforman yn whibanu
wrth i labrwyr glirio a labelu
cyn llonydd byddarol.

Y cerrig ar ymyl y lôn
mor ddisgybledig
â bedde milwyr yn Boulogne.

Fodfedd wrth fodfedd
yng ngwag-orfoledd amgueddfa
ailgodan nhw'r walydd
nes eu bod
fel plismyn yn plethu eu breichie.

Yn y fflat fydda i'n wit-wat,
y minlliw a'r persawr
ar lawr ar wasgar.

Diogel y daw'r dydd
y bydd yr eglwys gas ei datgymalu
mor syth â saeth.

Fel chi o fla'n drych mewn dillad parch
cyn i'r gole ddiffodd,
cyn cau'r drws.

LLEISIAU

Y tad

Fe gofleidiaf di am fod dy lais
fel parsel heb ei lapio'n dynn.
Bodda llais y cyhoeddwr
ein hynysfor o sgwrs.

Paid gadael i fi bwyso ar dy war di ragor:
ble aeth yr angel fach
a bwysai ar 'yn ysgwydd?

Dy ffrog di'n llachar fel dy finlliw:
gwylia rhag blas y ddinas fawr
ond paid gollwng balŵn dy freuddwyd.

Bydd y trên newydd sbon yn dy sgubo i ben y daith.
Af heibio walydd llawn bawiach a llwch,
dala bws 'nôl i gragen o stafell.

Y ferch

Yn y ddinas ddiedifar
fydd goleuadau'r disgo fyth yn diffodd.

Yn ddi-droi'n-ôl
fi yw'r gwefryrrwr ar y ffordd
i Dduw a ŵyr ble.

Fydd rhein fyth yn diffodd:
grwndi'r miwsig pop yn dirgrynu,
bwâu'n atal dweud ar draws llawr dawnsio.

Yng nghanol hyn i gyd
fe fentraf ar daith ddirgel,
troelli ar reid carnifal y ffair,
distewi llais Mam yn 'y mhen,
tan y bore wedyn.

Y tad

Safaf wrth y ffôn
fel 'sen i ar wyliadwriaeth.

Dim eisiau mynd o flaen gofid
ond 'y meddwl yn rhaff dynn,
yn ofni dy fod yn llithro
ar lwybyr cyn cyrraedd copa.

Arferai dy wên oleuo'r stafell fyta.
Stelcia ias o dan y drws.
Cryna'r fflamau.

Y ferch

Dim ond diferyn bach.
Staeniau ar ffrog orau
fel olion inc ar adroddiad ysgol
oedd yn addo dyfodol disglair.

Pawb yn 'y ngwylio i,
y derfis chwyrlïol ar ben bord
cyn i'r meddwl droi'n seff wag.

Dim ond diferyn bach.
Os yw byw yn ochenaid hir,

ysu am ei hagor hi mas
tan y bore bach
pan ddaw'r lleidr i dwrio drariau'r parlwr.

Fe es i Lunden i ehangu gorwelion
cyn baglu ar gerrig crwn gwasgod gaeth o lôn.

Y tad

Fe awn i fedydd yfory
pan fydd babi'n cael ei aileni.

Pan ddof yn ôl heno
y fflat fel bedd, heb udo hyrdi-gyrdi
na chawod yn tasgu am hanner awr.

Ond dy gorff
fel afanc ar fonet car
ar bwys bwyell
all hollti clo cwpwrdd diod.

Fe awn i fedydd yfory,
nodi diwedd ar hen fywyd.

Dy ffrog haf wedi trochi,
awel min nos yn brathu.

Y ferch

Prin y gall y paent guddio'r olion crafu
o dan nodyn ar wal:
Y CAMAU CYNTA, CODI, GWISGO.

Am bymtheg diwrnod cyfan
gwingo mewn siambr arswyd,

cartwnau gwrthun yn sgegan,
gang yn agosáu.

Hepian yn friwsion cyn cofleidio'r diwedd:
cwsg o gyflawn oed 'rôl cyffwrdd â'r glustog,
yn foethus, yn ddwys, yn dolchog.

Y dychryn fel tyrfedd yn pellhau.

Y tad

Fel bola buwch mae'r nos
ar wahân i un seren.

Ti'n cofio? Y tro
pan aeth ein diwrnod ben i waered.

'Fydda i ddim yn coginio
tan y daw hi'n ôl,' meddai dy fam.
Hofrenydd yn chwilio, gwenynen yn sïo.

Ymhen hir a hwyr fe ddest ti'n ôl,
dy sgidiau'n stecs ar lawr y gegin,
dy geg yn biws i gyd
a gofyn: 'Bwyd yn barod?'

Y ferch

Pellhau y maen nhw,
y tonnau'n taranu i mewn i ogof.

Yn araf cerddaf ar y ffin
rhwng y môr a'r tywod,
y cymylau fel 'se artist
wedi taflu paent ar gynfas.

Gwrando'n astud: fi oedd hwn,
cri unig rhegen yr ŷd
a frathai fore o wanwyn.

Arnofia rhywbeth tuag ataf,
gwynt fel lliw ewinedd,
potel gafodd ei phrynu
mewn siop â ffenest fel gwên ddiddannedd.

Na, fydd y tonnau hyn
ddim yn 'y nhynnu i lawr.

Breuddwyd

O hyder bydd hwn yn diferu,
ei ddannedd yn sgleinio fel sêr,
ei wên yn cynnu bore llwyd ein difaterwch.

Ond breuddwyd wywedig yw ei rosét lachar,
ei eirie tanio chwim
yn fwledi gwag.

Diwedd ei araith: 'Ma' harn yn y gwa'd'
ond bydde gorymdaith hanes yn rhewi
'se hwn ar fla'n y gad.

Gwrthryfel Casnewydd:
dim cworwm, angen mwy o gyfarfodydd.

Terfysg Merthyr yn yfflon,
dim signal ffôn.

Y siarter heb ei llunio:
cofnodion anghywir, gohirio.

Yng Nghaffi Nero sefwn am y chwyldro
wrth iddo ganmol blas ei Americano.

Fydd curiad y galon yn cyflymu?
Poeri gawn o beiriant coffi.

Gwydyr gwag

Er cof am hen gyfaill, Rod Barrar

Sdim blas ar y cwrw du yn hedd y bar cyhoeddus.
Ble ma'r nwyd,
y llif arllwysodd ar strydo'dd Tonypandy?
Ro'dd ias wrth flasu'r un cynta
'rôl i'r dryse agor
cyn y pererindod, y codi twrw, y randibŵ
o dafarn i dafarn ar draws y ddinas.

Wrth i'w syniade eplesu,
fe draethai â'i Wdbein a'i beint tragwyddol
am herio'r doethion dethol,
eu rhych gyrfaol a'u memos deddfol,
gwirionedde mor gadarn â rhai Mynydd Sinai.

Pan adawodd arafodd ein came,
trodd ein hesgyrn yn wichian staeren.
Gwell, medde fe, o'dd bod yn llucheden
na llechu am o's mewn stafell bwyllgor.

Yn ôl yr af i'r dafarn,
y man cychwyn
ble ma' arwydd ar wal, beddargraff:
PERYGL, ADEILAD DDIM YN SAFF.

Os yw'r ffon wreichion
yn tasgu straeon
a llais Ronnie Drew'n drwch ar sgrechflwch
(fel rhofio glo mewn seler),
daw dyn â gwasgod ddu a braich hir
i gytsho mewn gwydyr gwag.

Bydd yn ddiddan

I fabi cyntaf Sidilla o Jamaica

Yn dy wisg gyntefig, dy gyfarpar amrwd,
ti yw'r deifiwr yn y dyfroedd,
rhai cynnes dy fam.

Wrth i'r amlinelle amlygu ar dy wyneb,
fe glywi di drwy ryfedd wyrth
rywbeth o bell,
datseinedde'n ias newydd drwy dy gorff.

Hon yw dy fam â neges oesol,
curiad ei chalon yn suo-gân calypso.
Bydd yn ddiddan
ym mreichie siglo ei llais.

Syllu

Er cof am hen gyfaill, y nofelydd a'r sgriptiwr, Dafydd Huws

Os yw 'mheint i'n llawn,
gwag i bob pwrpas
yw'r ford gron dderw yn yr ardd gwrw.

Fe gwymp 'y meddylie'n ddail o golfen dderw.

Fan hyn, wrth syllu ar y Garth a'i llond llyged o sblander,
fe fydden ni'n dodi'r byd yn ei le,
mesur yr agenda wrth y cloc:
trafod Gogledd Iwerddon am wyth,
Palesteina am hanner awr wedi,
yn y pen draw y byd yn grwn.

Kinnock ac Abse ddywedai
taw ni o'dd yn gul.

Os yw'r llonydd yn rhythu arna i
fel athro ceryddgar,
alla i glywed dy wherthin bachgennaidd
cyn i ti anwesu dy farf wrth fyfyrio
a physgota am wrthddadl.

Gyrra car heibio a sblasio dyn yn ei siwt ore.
Fel hyn y rhoddest ti bìn ym malŵn y mawrion,
digio diaconied
yr oedd eu Bethel nhw'n dragwyddol.

Allai'r beirniaid, ar goll yn eu clasuron,
ddim dirnad dyn yr ymylon â'i ffenest fae o weledigaeth.

Ar brynhawn swrth
fe rown y byd a'r betws
am awch d'ymateb parod.

Bro

Mae'r lle fel Brynawelon, bar yn hwyr,
y gamwn lleder, pump neu chwech o sglodion.
Mewn cornel dau greadur (wynebau cwyr)
yn sgwrsio'n swrth am sioeau byw Caerfaddon.

'Y bwyd yn iawn?' Heb feddwl, nodio pen.
Ar ben y ford ddi-liw mae arwydd CROESO.
'Er mwyn y nef, dyw popeth ddim ar ben.'
'Fel bod yn Brighton.' 'Cariad, paid gorliwio.'

Rhyw sgrech a ddaw i mewn a llenwi'r gwacter,
y rhain yn hwrdd o wynt drwy'r drysau dwbwl,
eu chwerthin iach sy'n herio'r Saeson syber,
crotesi llond eu croen yn chwalu'r cwbwl.

Syrpréis i fi, Cymra'g yw iaith y criw.
Mae ocsigen yn cadw claf yn fyw.

Gwe

Dyna hwb, Dan a'i whiban:
llond y lle o'dd fe a'i fan.
Heb sbrag pob drws ar agor,
y rhes yn gynnes, yn gôr.

Yn hwyr ei gwa'd hi'n oeri
tra'r llancie a'u lleisie'n lli.
'Co Paul, Huw yn cico pêl,
ei dawn, ei nwyd yn dwnnel.
Dau'n lapswchan, cusanu.
Llonydd ei hymennydd hi.

Ffindo Marged fis wedyn:
Y Ton ynghau, tân ynghyn.

Ymwthiodd anesmwythyd,
er breuddwyd, boddwyd ein byd.
Dan yn sefyllian, yn syn,
noeth a diffrwyth y dyffryn.
Rhes oer y disgie lloeren
yn orthrwm, bwrlwm ar ben.
Mudan yw y gân, y gog
a ias arch am hewl serchog.

Fy nghalon yn aflonydd
am fod hyn ar derfyn dydd.
O, fy nydd (yn gyfan oedd)
yn nos a ni'n ynysoedd.

Cadair wag

Ar ôl gwylio'r ffilm Yr Alcoholig Llon

Pwy o'dd yr un a fentrai gyda'r nos,
ar goll yn llwyr mor agos at y ffin
pan welodd rywun ar ei hyd mewn ffos
o'dd bron â thagu ar ei hw'd ei hun?

Dy ddawn o'dd plannu hedyn yn ei ben
y gallai groesi'n rhwydd i'r ochor draw
heb odde gwg gwarchodwr swrth na'i sen,
fod pen y daith yn bosib maes o law.

Pryd teimlest nad o'dd popeth gant y cant,
ei hunanddistryw'n troi yn sbort a sbri?
Pryd sylwest ti fod eisie bod yn sant,
fod blas y gwin yn drech na'th gariad di?

Ar ben y ford mae llun o ddau, bodlondeb.
Y gadair wag yw cofeb fy niawlineb.

DIHANGFA

Ar goll

Yn Eglwys yr Holl Saint angor dros dro
yw'r ffenest, sy'n coffáu'r wyth,
tra bod bywyd ei theulu'n
ddarnau o fad ar wasgar.

Y paneli melyn, glas, gwyrdd a gwyn
yn wregys achub i rai
'rôl i'r môr whalu cestyll tywod ei breuddwydion.

Heddi mae'r heulwen yn boenus o wyn.
Olew oedd amdo pob corff:
all cant o weddïau
ddim rhwydo'r bwystfil sy'n prowlan.

Hi yw'r fam ar y cei,
ei chorff yn golfen dan chwip y gwynt,
y don mor uchel
fel ei bod yn llyncu'r haul.

Arcêd Morgan

Daw dynion i mewn,
y *Daily Mail* dan eu ceseiliau,
gan droi tra'th unig ei hafan
yn set *EastEnders*.

Try'r dyn dierth ei ben
at y ffenest ble todda'r llun bob munud.

Allai hon fod
yn eil lle mae dau, fraich ym mraich,

yn cerdded at borth eglwys,
at drothwy breuddwydion.

Allai hon fod
yn llwybyr arch,
llais Caruso'n
pefrio gan angerdd,
mam a merch yn llefen y glaw.

Mam-gu

Arglwyddes fwyn, beth oedd dy swyn?
Un bore gosodaist yn dyner
draed bregus y Cymro bach
ar bafin llithrig Cymreictod
a'u llywio'n saff.

Ac yng ngherddediad y blynyddoedd
estynnaist law
i'r un a chwiliai am angor
mewn môr o goncrid.

Arglwyddes fwyn, beth oedd dy swyn?
Fel tröell fe nyddaist dy straeon
a'u dwbwl-weu'n garthen
rhag brathiad oerfel estron.

A dawnsiai dy dafodiaith
ar lwyfan ei feddwl
nes iddo dwymo ati
ac ysu am sibrwd curiad dy sillafau.

Os wyt ti dan bwn blynyddoedd,
fe ddaw un weithiau
i droi merddwr dy lygaid
yn fwrlwm merch.

Amgueddfa

Disgyn fel clogyn llwyd,
y niwl ar lwybyr
sy'n wahanol i'r un yn llun y daflen.

Yn y cyntedd o flaen llun *Salem*
saif hi, yr ofalwraig,
ei gwên heb grychu fel ei gwisg Gymreig.

Edrychwch ar y lluniau.
Fan hyn tywynna hanes
yn llafn o haul ar gae
heb regi tir caregog,
heb eithin a grug yn tagu breuddwyd.

Ymla'n â ni i'r ffreutur
ac o'r nenfwd try symudion
fel dawnswyr gosgeiddig heb hidio dim.

Hiraeth

Weithiau hiraetha am fore Sul
heb sblash oer chwibanu
na chrys ar lein
yn faner gwrthryfel.

Yn lle mynd i fedydd
golcha ei gar Hillman cyn gwylio *Hollyoaks*.
CROESEWIR YMWELWYR, medd arwydd
â chraith graffiti ar draws y pren.
Lle roedd tân 1904
mae pisho ar lyfrau emynau.
Yn lle porthi'r diaconiaid
clyw gryts yn griddfan yn niwl eu glud.

Ar risiau'r fynedfa,
ble cyfarchwyd aelodau newydd â llaw gadarn,
gafael Tracy'n dynn
yng nghorff crynedig Rod.

O bell fe glyw deyrnged angladd i fodryb
nad oes neb yn ei nabod.

Digon o her i'r ddau
fydd cyrraedd oriau mân yng nghlwb Revolution
lle bydd y goleuadau hollbresennol
yn diffodd yn ddof.

Gwae y gaea

Ar ddiwrnod fel hwn
gallai gladdu gwae y gaea,
y dail sy'n tagu'r gwter.

Arafu y mae
dan bastynu haul canol dydd
cyn gweld yn Les Halles, Bayonne,
enwau ar wal y farchnad,
Remi, Emilin, Sylvain …

Cydia fflam ym mhentwr dail ei chof:
car Mercedes 260D sedán
yn sgrech ar gornel,
camau trwm ar risiau,
ton yn codi, brig yn torri,
doli glwt ar bafin.

Ar ddiwrnod fel hwn
gallai gladdu gwae y gaea.

Gadael y ddinas

Wrth iddo adael y ddinas,
mae'r sychwyr ffenest o dan warchae,
y glaw'n poeri fel gwn peiriant.
Bagla o lôn i lôn
heb glywed cyrn yn canu.

Mwstwr y storom sy'n ffoi i'r gorllewin,
y Bannau dan olau leuad,
Pen y Fan yng nghanol gosgordd arian.

Rhwng Libanus ac Aberhonddu
mewn cilfan ymhell o unman
arafa olwyn ddŵr ei feddwl
wrth i seiniau cnul gilio.

O'r diwedd
fe glyw sisial nant
fel mam yn lwlian babi i gysgu.

Labrwyr

Pwy oedd y bachan yn pwlffacan
ar ddiwrnod o wanwyn
yn yr eira gwyn?

Dim sôn yn unman erbyn hyn:
yr olion dan lawr llyfn
canolfan siopa
ble mae chwa o awyr iach.

Ddeugain mlynedd yn ôl, yn ifanc a ffôl,
roedd yn lolian, yn dawnsio
dan gawod o eira gwyn.

Tyngai'r fforman y byddai'r gronynnau'n geirch,
yn eu troi'n feirch y plwy
wrth chwalu'r walydd.

Y direidi heb ymyrraeth rheolau caeth,
clirio'r rwbel yn rhwydd,
arian mewn llaw, draw i'r Unicorn,
naw peint mewn awr,
boddi'r llwch oedd yn bygwth mynd yn drwch.

Yn hwyr y dial:
ffliw yn Sbaen, bronceitis yng Nghymru,
ei frest yn feis.

Gorwedd mewn ward,
y nesa ond un at y diwedd
tra bod labrwyr brwd yn slafo,
yn datgymalu walydd
ei sgyfaint.

Ar hyd llwybyr suddedig

Ar gyrion y dre
cerdda ar hyd llwybyr suddedig
rhwng gwreiddiau garw
fel nadro'dd yn gwingo.

Wrth i'r golau bylu,
saetha'r slumod fel peilotiaid sioe awyr
ac ar fin plygu
mae'r co'd ar ongl
fel dynion heb fod yn eu hiawn bwyll.

Ar hyd y llwybyr
y deuai'r lleidir pen ffordd

cyn cwato ei ysbail ysblennydd
tu hwnt i afel gwŷr y Goron,
cyn cyfeddach 'rôl ei gyrch ar grachach.

Wrth i'r heulwen ola dreiddio
rhwyll y dail,
chwilia Orffews yr isfyd am Eurydice.

Gwynt dail marw sy'n tagu ei phersawr
ond eu siffrwd
yw ei sibrwd yn ei glust.

Aberogwr

Bob nos Sadwrn, boed law neu hindda,
mae'n mynd i'r un man
ble mae'r afon yn arllwys ei gofid.

Cyn cyrraedd y tra'th
llercia cemegion fel lladron liw nos
yng nghefen ei fan Volkswagen.

'Rôl arllwys galwyni o euogrwydd
oeda ger y dyfroedd bas
wrth sychedu am ddistawrwydd dwys.

Yn fawreddog,
yno y saif tan y machlud
ond yr haul yn glais,
y môr, wrth sugno'r graean,
yn ei regi o dan ei anal.

Angel

Ar ôl darllen hanes Vera Brittain yn Ysbyty Camberwell, 1915

Pan ddihuna yng nghanol y nos
gofyn a yw yn y nefoedd
gan fod angel ar erchwyn ei wely.

A sylwa hi fod mwy nag un gwely
fel shibwnen â gwallt yn ei dannedd,
fod blancedi slacsog
yn hanner cwato breichiau a choesau rhacs.

Y rhain yw'n harwyr
yn gorwedd mewn madredd:
all araith gwleidydd
ddim diheintio'r drewdod.

Gofyn iddi hi ei hun a yw hyn yn ddigon:
gefel fain mewn jar, llond ffedog o ffydd.

Meddylia am y diwrnod cynta,
ei gorchudd fel un lleian,
a'i hawydd i fod yn bur o galon.

Gorffwys am funud,
y sgrech yn drech na dim.

Y wal

Pan o'n i'n grwt
ro'dd wal derfyn rhyngddon ni a nhw,
rhwng ein hesgus clatsho a'u darn-ladd.

Yn yr ysgol, hon oedd yr un
rhwng cofio cerdd Wordsworth
a gwep hir o fla'n bwrdd hysbysebu.

Pan o'n i'n llanc hon oedd yr un
rhwng breuddwydio am gro'n sidan wejen
a thra'd o'r cyn shifft gynnar,
rhwng hedd Ynys Bŷr
a jingls Radio Un.

Pan o'n i'n dad hon oedd yr un
rhwng geni wyneb trionglog
a chlywed rhwnc Mam-gu,
rhwng llonyddwch eglwys
a randibŵ noson gêm ryngwladol.

Ac yn y pen draw,
hon yw'r un
rhwng canhwyllau ffydd
a seler dywyll.

Llythrennau

Bob hyn a hyn fe af
ar hyd y dyffryn hir
i'r man ar y mynydd
ymhell o weiddi bechgyn, clychau'n canu,
crafu enwau ar ddesgiau.

Fe af
i'r man mewn gwely grug,
i'r garreg â'r hen wyddor.

Ond heddi
cyrhaeddodd rhywun o 'mlaen i:
llythrennau ei enw'n grafiad
fel un ar wyneb llun y *Mona Lisa*.

Daw jet i rwygo cynfas yr awyr.

Consuriwr

Hwn yw testun ein sgwrs
ar y bws, yn yr iard, heddi,
y dyn yn y stiwdio
berfformiai fel consuriwr.

Drwy ryw ryfedd wyrth
troai res o dai'r Cymoedd
yn ddelwedd Nadoligaidd.

Synnen ni at ei allu,
yn chwistrellu'r cyfan
nes i ni gael ein dallu:
yr eira'n gyffro, yn puro,
yn baent ar bry yn y pren.

Gadewch i ni ga'l hoe
rhag ffoaduried yn boddi,
ffrwydrad yn Nhwrci,
llofruddieth yn Llanelli.

Os yw dynion dŵad
yn siwblachad ein llien gore,
a chraig ein cadarnleoedd ni
yn sgerbwd twrci,
mae'r gwynder o hyd yn ein dallu.

Llun y Pasg

Yn yr Amgueddfa Werin

Mae clwydi'r fynedfa wedi agor
a bant â nhw.

Dim ond unwaith maen nhw'n gweld
y dyn â chap â phig
tra byddi di'n gweld pum mil ohonyn nhw.

Bratha crwt dy fyfyrdod dwys:
'Beth yw hwnna?'
Faint o weithiau fyddi di'n ateb 'gwely cwpwrdd'
erbyn chwech heno?
Angen cymal arall ar y disgrifiad swydd:
'y gallu i fod fel parot.'

I mewn â nhw i Kennixton,
plant ysgol o Ffrainc
yn bacsan lan y stâr fel llygod ffyrnig.
Dim sôn am athro,
yn cwato, siŵr o fod, yn y tŷ bach.

Americanwr mewn het Stetson
yn plygu'n isel
wrth ddod mewn trwy'r drws cefen.
'Beth am ddodi jiwcbocs yn y gornel?'
Hwn o ddifri.

Cyrhaedda dyn tawel o Japan
â chamera eger.

Ro'dd y swydd hon i fod
yn garreg gamu
ond yr afon
mor llydan â'r Mississippi.

Diddiwedd yw llif yr ymwelwyr.
Gallai rhywun gael ei dynnu i lawr.

Ffenest

Coffáu criw achub yn Eglwys yr Holl Saint, Ystumllwynarth

Rhag gweiddi croch, cwtsho mewn lloches,
yn ofer, yn syber fel sant.

Gwau mae'r lliwiau'n llon
yn gytgan, yn gytgord.

Beth oedd lliw y ffrwydryn
a daniodd am chwech y nos,
y fflach, man cychwyn achub,
gwŷs a'u galwodd i gyd?
Trwm yw calonnau menwod y Mwmbwls:
eu gwŷr yn gam yn y gwynt,
ar oleddf cyn i'r bad rolio
ar ramp i ddirmyg rhyfygus, mentrus y môr.

Eu hasbri ifanc lithrodd i ddifancoll.
O raid eu tasg ond yn ddiradio,
anelu at wyrth heb dechnoleg.

Lliwiau gloywon dynion dewr,
delwau mawl yn dallu diawl y dolur.

Y môr
yn deyrn, eu bad yn fag dyrnu.
Ymhob man hyd at y glannau
yn feddw roedd llanw y lli,
yn ddig, mynyddig y môr.

Odlau yw'r lliwiau wedi eu hidlo,
yn hael daw rhodd o heulwen.

Yn y cyfnos
trodd y bad drosodd
fel pancosen
nes bod breuddwydion yn ysgyrion
ar greigiau Pwynt y Sgêr.

Yn y pen draw,
af yn ôl i fflat ddi-lun lle mae llun yn llwydo.
Rhyngom mae clawdd … hawdd yw synhwyro …
ei lyged yn cyhuddo,
ei ên yn ysu am fentro.

Ar frys aeth i dir anhysbys
a gorwedd ein gwely'n hesb.
Ei gamp, boddi wrth ymyl y lan,
gadel gwraig yn ddigwmpawd.

Ein cariad oedd yn ansuddadwy
ond fy nedfryd, moelyd mae fy myd.

Pob manylyn,
gwyrdd, glas a melyn yw'r lliwiau'n moli,
yn bêr, yn dyner, yn donnau.

Diolch am blethwaith wnaed o graith, o gryd.
Ei nawdd faga lonyddwch
sy'n frad ar anfadwaith,
ei ystryw yn fyw, yn foel.

Siecen, hwren yw hiraeth,
yn ddi-ddal, yn ddi-ddim.
Cryndod sy'n dod ar wyneb y dŵr,
drwof yn gnofa styria storom.

Ddim yn ddiwedd y byd

Cer ar ras
i ddala'r trên i'r ddinas fawr.

Os yw'r masgara'n drwch
ar d'amranne soffistigedig,
wna i ddim dala dig.

Ti'n cofio palu'r tywod
tan naw y nos
ar dra'th Hendaye a'r môr ar drai?

Cer yn dy fla'n
yn dy sodle uchel ar bafin
fel cerddwr rhaff.

Os yw'r sgert yn felt,
cadwa ddime ar dy ffortiwn.

Ti'n cofio dala 'nghot i'n dynn
wrth weld twnnel o siarc
uwch dy ben yn yr amgueddfa?

Cer yn dy fla'n
hibo'r canie Coke,
y baw ci a'r poer.

Cer ar ras
i'r ddinas fawr
ble ma' blas ar fyw.

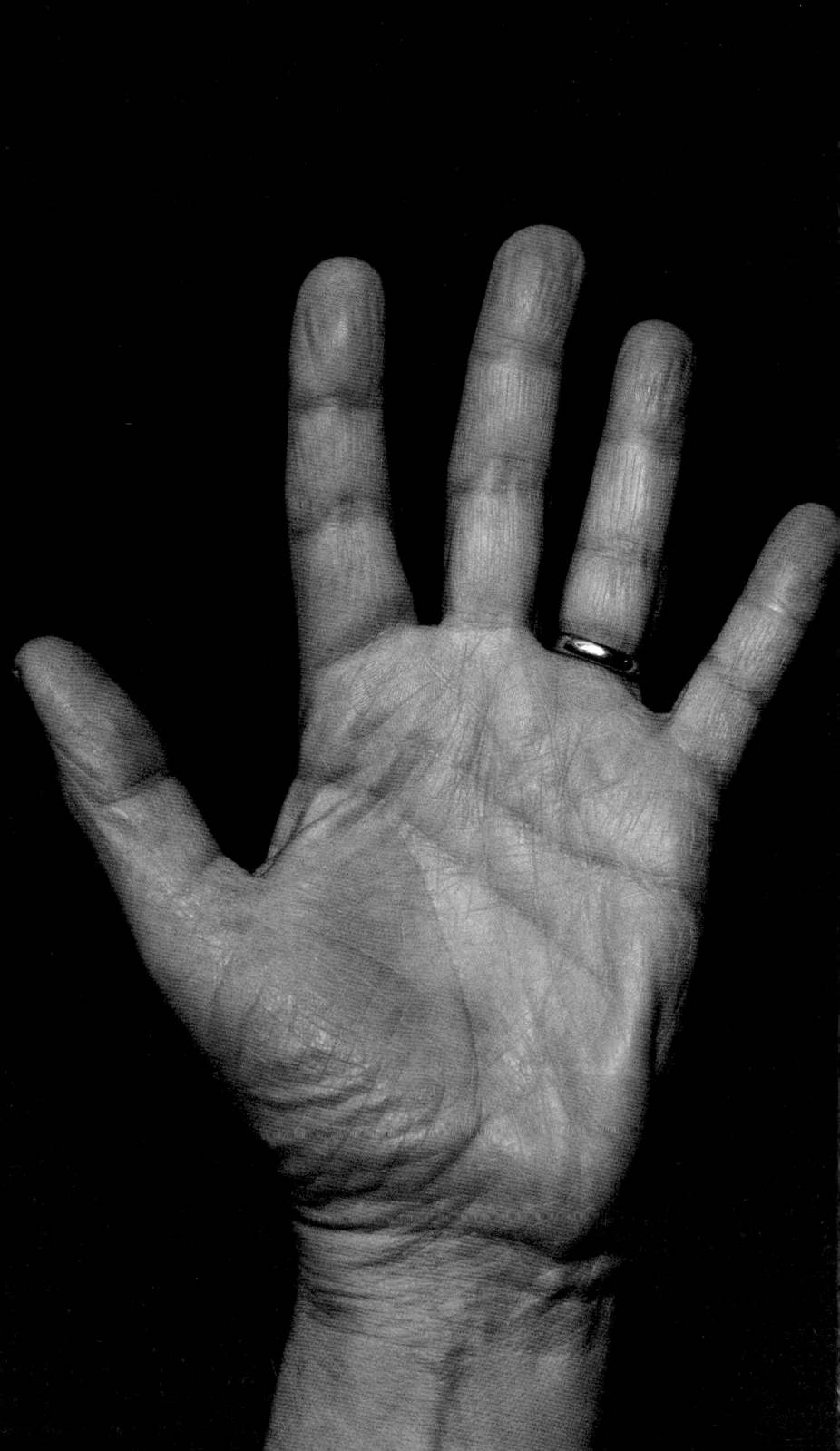

Byd bach

We live in our own world,
A world that is too small

R. S. Thomas

Fe fyddai'n well cael estyn llaw,
yr ego'n mynnu bod yn ddall.
Rhaid chwalu walydd llid a braw.

Y llwybyr fydd yn ddi-ben-draw
(paid meddwl hyn, ti ddim yn gall).
Fe fyddai'n well cael estyn llaw.

Ni wn i pryd ond gwn y daw
er wfftio barn y naill a'r llall.
Rhaid chwalu walydd llid a braw.

Daw heulwen hir 'rôl gwynt a glaw
er chwyddo'r hunan, does dim pall.
Fe fyddai'n well cael estyn llaw.

Gwell croesi ffin i'r ochor draw,
cyfadde bai a maddau gwall.
Rhaid chwalu walydd llid a braw.

Ar goethan pawb rhaid rhoddi taw
a dadleth gafael rhew di-ball.
Fe fyddai'n well cael estyn llaw.
Rhaid chwalu walydd llid a braw.